赢在韧性

让孩子在
战胜挫折中成长

潘恭华/主编

新疆文化出版社

图书在版编目（CIP）数据

赢在韧性：让孩子在战胜挫折中成长 / 潘恭华主编.
乌鲁木齐：新疆文化出版社, 2025. 5. -- ISBN 978-7
-5694-4933-4

Ⅰ. G78

中国国家版本馆CIP数据核字第2025P458S4号

赢在韧性——让孩子在战胜挫折中成长

主　编 / 潘恭华

策　　划	张　翼		责任印制	铁　宇
责任编辑	张　翼		封面设计	天下书装
版式设计	李文琦			

出版发行　新疆文化出版社有限责任公司

地　　址　乌鲁木齐市沙依巴克区克拉玛依西街1100号（邮编：830091）

印　　刷　三河市嵩川印刷有限公司

开　　本　710 mm × 1000 mm　1/16

印　　张　8

字　　数　100千字

版　　次　2025年5月第1版

印　　次　2025年5月第1次印刷

书　　号　ISBN 978-7-5694-4933-4

定　　价　59.00元

　　什么样的孩子，内心从不会有忧伤？遇到问题不需要去面对、没有经受过任何挫折、诸事都称心如意，这样的孩子内心自然不会产生忧伤的情绪。作为父母，我们都希望孩子的童年是无忧无虑的，这是我们的美好期许。

　　"予而勿夺"，作为父母，我们不应剥夺孩子经受挫折的权利。古往今来，没有哪个人的成长会不经历挫折与磨难。遭遇挫折是孩子成长过程中的必然经历。与其费尽心思让孩子成为温室中的花朵，不如教会他正确应对挫折。正如著名作家屠格涅夫所说的那样："你想成为幸福的人吗？那么首先要学会吃苦。能吃苦的人，一切的不幸都可以忍受，天下没有跳不出的困境。"大作家眼中的"能吃苦的人"，就是指遭遇挫折并能战胜挫折的人。

　　孩子每经历一次挫折，其能力就会得到相应的提升。挫折和逆境，是孩子成长路上的必修课。面对一些困难与挫折，父母要鼓励孩子正确看待并最终战胜它们，只有这样，他的人生根基才会被夯实，他的人生前景才会日益开阔。

孩子在战胜挫折的过程中，成长成为一个有韧性的人，父母在其中起着至关重要的作用。本书从父母的视角出发，通过阐述挫折对孩子成长各方面的影响，告诉我们在日常的学习与生活中如何引导孩子应对挫折。本书理论与案例相结合，浅显易懂，通过生活中常见的案例，向各位父母更加直观地展示孩子在成长过程中可能遇到的各种挫折，并阐述正确引领的方式方法，以便父母在教育孩子时有据可依，最终让孩子变得越来越优秀。

目录 CONTENTS

第一章

砥砺前行，只有经历挫折才会愈发强大

每个人的生活环境、家庭背景都不尽相同，有的孩子一出生就被父母长辈宠溺着成长，捧在手里怕摔了，含在嘴里怕化了；有的孩子却从小经受各种苦难，他们不得不磨砺自己。当然，适度的宠溺并没什么不好，但孩子不能一直躲在父母的怀抱中。那些不断经历挫折的孩子，无论是主动面对还是被动接受，他们的内心都会变得日益强大。

从小培养孩子的抗挫折能力

作为父母，我们不仅要教会孩子以正确的态度面对成功，更要教会孩子以坚强的心态去面对挫折。因为人生在世，遭遇挫折在所难免。为人父母，我们必须在精心呵护孩子这个大前提下，和他一起面对成长路上的风风雨雨，并教会他正确、理性地应对挫折。

玲玲今年读初一，她从小成绩就很好，一直是爸爸妈妈的骄傲。

但在一次月考中，玲玲考砸了，考试成绩排到了班里的下游。这是她从来没有经历过的事情。

虽然爸爸妈妈对玲玲的状态有些担心，但他们并没有过多地干涉玲玲的学习，只是"有意无意"地给予了一些关心和鼓励。在爸爸妈妈看来，玲玲的学习成绩一直很好，基础扎实，学习方法也很成熟，应该不会有大的问题，这次月考只不过是一次小小的波动而已。

而且，爸爸悄悄地告诉妈妈，玲玲从小到大在学习上都顺风顺水，从来没有品尝过挫折的滋味，这次成绩不理想，未尝不是一件好事，也是对她个人意志及品质的一次磨炼。人们不是常说"塞翁失马，焉知非福"吗？让玲玲适当地遭受一些挫折，对她的成长也是有必要的，作为家长没必要跟着大惊小怪，免得加重孩子的心理负担。

事实证明，爸爸的分析是对的。期中考试时，调整了状态和学习节奏的玲玲进入了班级前十名。更重要的是，有了这次经历，玲玲对自己的信心更足了，她坚信，只要自己沉着应对，及时调整，就可以扭转各种不利局面。

玲玲的经历，相信很多孩子也遇到过。在由小学升入初中后，学习科目一下子增加了好几门，学习环境也有所变化，包括换了新学校，遇到了很多陌生的同学，其中还不乏尖子生，等等。这些变化肯定会让孩子有些不适应。如果还按小学时的节奏去学习，肯定是不行的。特别是考试之后，发现成绩很不理想，就会产生巨大的挫败感，甚至接受不了这一事实，进而产生一些心理问题。

遇到这样的情况，作为家长，我们该怎么办？玲玲的父母就做得很好。首先，家长不能大惊小怪，要知道在学习过程中成绩出现起伏是很正常的事情。家长一惊一乍，只会加重孩子的心理负担，对解决孩子面临的问题没有任何帮助。面对这样的情况，我们不妨让"子弹飞一会儿"，锻炼一下孩子的抗挫折能力，同时从旁提供一些必要的指导，让孩子自己调整状态。如此处理，不但能够解决孩子学习上的困难，还可以锻炼他的抗挫折能力，使他以后再遇到困难的时候能够沉着应对。

这里有必要强调一点，我们说让孩子自己处理，并不意味着家长可以放任不管，漠然置之。在这个过程中，我们要做到"内紧外松"，不要给孩子压力，但是在孩子需要的时候要及时给他建议和帮助，协助他解决好问题，全面、立体地培养他的综合素养。

除了学习外，孩子在生活中也会遇到很多问题。但很多家长似乎只关注学习，只要孩子肯学习、成绩好，对孩子的要求往往有求必应。但当孩子沉迷手机，成绩下降时，我们大部分家长恐怕就没有这么从容了。

六年级的亮亮一直是家里的核心，从小到大，爸爸妈妈都尽量满足他的要求。寒假的时候，他要求爸爸给自己买一部手机，说班里的很多同学都有手机，快毕业了，他们要相互留联系方式，并保证不会影响学习，而且手机还可以上网查资料。看在亮亮学习成绩还不错的份上，爸爸没怎么多想，就给他买了一部手机。刚开始，亮亮每天只是用手机和同学聊聊天而已，渐渐地就和同学们玩起了各种游戏。起初，他还只是在不学习的时候玩，晚上就会把手机收起来，但到后来却越玩越上瘾，一直玩到深夜还不睡觉。眼看快要开学了，爸爸让亮亮把手机交给自己保管，顺便帮他调整一下状态，但亮亮却不同意。爸爸怒不可遏，狠狠地教训了亮亮一顿。亮亮觉得爸爸不爱他了，既难过又消沉，变得萎靡不振。

亮亮之所以变成这样，是因为爸爸粗暴地对待了他，并且没收了他的手机。如果这样粗暴地对待一个六年级的男孩，那么他必然会变成现在这个样子。

培养孩子的抗挫折能力并不像我们想象得那么简单。这个案例中亮亮的爸爸，当亮亮沉迷手机，玩到深夜还不睡觉的时候，亮亮

爸爸脆弱的心态就已经崩溃了，所以才会粗暴地对待亮亮。孩子沉迷手机游戏，这是现在家长们普遍会遇到的一个问题。那么，我们应该怎么做呢？其实，孩子沉迷电子产品，尤其是沉迷手机，成绩会下滑，这是一个常见的现象。那么，我们的父母能否眼光长远地去看待这个问题，这才是关键。孩子的成绩，并不是一旦下滑就上不来了。再者，我们作为家长，要学会换位思考去理解孩子。孩子拿到了手机，里面有游戏和各种视频，好玩就非常容易上瘾，很容易就会沉迷其中，这几乎是必然的。但是，我请家长们想一想，你能够让孩子永远不用手机吗？现在小学的时候，你不让他用，那么到了初中、高中，甚至上了大学呢？你还能控制得了吗？如果上大学他才拿到手机，而那时你已管不了他，他再沉迷手机，甚至因此被大学退学，问题就会更严重了。事实上，孩子经历的一些挫折，实际上是越早越好，越早试错成本越低。在孩子经历这些挫折的过程中，他才能学会合理使用手机跟手机和谐共处。小学阶段学习压力还相对比较小，这个阶段孩子还有更多的时间去应对这个问题。但这确实需要我们家长具备一个更高水平的解决方案。

我们该如何培养孩子的抗挫折能力呢？这里提供以下三条建议：

第一，当孩子遇到挫折时，父母不要急着参与，不要在第一时间就冲过去帮忙。因为在你没搞清真相时，你的所谓帮忙很有可能会成为干扰。可以先让孩子自己解决，以此培养他独自处理问题的能力。

第二，当孩子遇到挫折哭泣时，父母不仅要安抚他的情绪，还要引导他说出为什么会出现这种情况，并告诉他遇到这种事情该怎么解决。

第三，在孩子遇到挫折之前，就让孩子知道未来可能会遇到一些困难，并告诉他遇到相应困难时要想办法解决，从而培养孩子的心理承受能力和应变能力。

经历挫折，孩子才会成长

谁的人生都不可能一帆风顺，都会经历各式各样的挫折与失败。在教育孩子的过程中，重点不可谓不多，但教会孩子正确应对挫折，对于孩子的成长来说无疑是重中之重。

当孩子刻苦学习、努力做事，结果却不尽如人意的时候，他们的内心肯定是非常沮丧、非常懊恼的。这个时候，如何让孩子以良好的心态去面对眼前的挫折，就显得尤为重要了。

二年级的军军既爱学习，也爱运动。他所在的学校是当地的体育强校，开设了很多特长班供同学们选择。军军加入了学校的冰球训练营，每个周末他都会去冰球馆和队友们一起训练。教练讲的各种技术要领，他都牢记在心；教练示范的各种动作，他也用心去练习。此外，每天早上他都要跑步去学校，放学后又跑步回家，不断地提高着自己的身体素质。

转眼间，一个学期的训练马上就要结束了，教练通知大家，期末考试结束后，冰球队要举行一次选拔赛，表现优秀的队员有机会去市里参加比赛。对于这次选拔，军军信心满满，他对爸爸说自己一定可以被选上，爸爸也鼓励他"加油，加油，再加油"。

到了选拔赛那天，军军信心满满地来参加比赛。比赛中，他表现得非常积极，频频对对方的球门造成威胁。但在一次碰撞中，意外发生了，军军的小腿被对方的冰刀划伤了，军军受伤下场。球队失去了军军这一关键力量后，如同失去了主心骨，被对方连进三球，最终失利。更遗憾的是，因为伤势军军无法参加即将开始的市比赛，教练只能忍痛割爱，选择了其他队员。

回到家后，军军躺在床上休息，爸爸妈妈过来安慰他，没想到军军却笑着说："爸爸妈妈，我没事的。如果不是腿受伤，队里的主力前锋肯定是我，教练也说过，我的速度是队里最快的。比赛又不是就这么一次，等我伤好了，肯定还有很多比赛等着我呢！"

听了军军的话，妈妈欣慰地对儿子说："军军，你能坦然面对这样的结果，妈妈感到非常欣慰。其实，人不会总是一帆风顺的，总会遇到各种各样的挫折和不如意，会有一些小坎坷让你跌倒。遇到挫折，跌倒了并不可怕，重要的是要勇敢地站起来，继续前行！妈妈相信你一定没问题的！"

我们的孩子就像一棵小树，在他们成长的过程中，肯定会经历风雨。只有这样，他们才能把自己的根系扎得越来越深、越来越稳，最终成长为参天大树。正如小鸟要忍受折翅的痛苦，才能飞得更高更远一样，一个孩子也需要经历挫折的磨炼，才能真正得到成长。

小晴今年读九年级，她从小到大都很努力，学习成绩也一直名列前茅，爸爸妈妈对她抱有很大的期望，老师和同学们也很看好她，觉得她一定能考上市里最好的高中。

　　时间过得很快，中考的日子如约而至。成千上万的孩子们走进考场，开始了他们的征程。考试结束后，自然是几家欢喜几家愁：有的孩子超常发挥，有的孩子正常发挥，而有的孩子则发挥失常。小晴就是那个发挥失常的孩子。她考试时因过于紧张，导致心跳加快，手和胳膊一直在发抖，状态也一直没调整过来。结果可想而知，她没能考上自己理想的高中。这样的结果是家长和老师都没有想到的，她自己也接受不了这样的事实。

　　中考失利后，小晴整天把自己关在房间里，不愿跟任何人说话，

她觉得自己辜负了大家，也辜负了自己。无论父母怎么开导她，她都听不进去。爸爸妈妈非常着急，他们已经顾不上埋怨孩子，只希望孩子能够坦然地面对眼前的困难。

最后，爸爸把小晴初中时的班主任老师请到家里来开导她。老师说："你在我心里，一直都是最优秀的学生。虽然这次考试没发挥好，但是又能怎么样呢？毕竟考试已经过去了，重要的是你要学会坦然面对这样的结果，是不是？"

"可是，大家一定会嘲笑我的，而且我也让您和爸爸妈妈失望了。"小晴含着泪说道。

老师笑着安慰她："过去的就让它过去吧，最关键的是要过好将来。虽然你没有考上重点高中，但是你还能上别的高中啊。念高中只是你人生道路上的一段旅程，只要努力，在哪所高中读书，都是有可能考上理想的大学的。最重要的是，你要知道自己这次为什么会遭遇挫折，分析原因，争取以后不要再犯同样的错误。挫折并不可怕，可怕的是你在挫折面前一蹶不振，那样老师才会真的对你感到失望。你的学习成绩好不好，老师知道，你自己也知道，中考成绩并不能代表你没有好好学习，你在老师眼里，依然是那个优秀的学生，老师希望你能振作起来，勇敢地迎接新的挑战！"

听了老师的话，小晴的心一下子敞亮了许多。老师说得对，自己还有机会，三年后的高考，自己要调整好状态，向所有人展现自己的实力。想到这里，小晴瞬间又斗志昂扬了。

总之，孩子的成长既需要鼓励，也需要经历挫折。当孩子被当作温室中的花朵来培养时，他便经不起风吹雨打，也承受不起一点儿挫折。一次考试的失败，就可能把他打倒。其实，一个人只要努力了，全力以赴地拼搏了，即使最后考不上大学，或者考不上自己理想的学校，也并不意味着人生从此就再无希望。只要能正视现实，并在此基础上不断努力，以后的生活照样会很精彩。

引导孩子直面挫折

现在的孩子与以往任何一个时代的孩子都有所不同。成长环境的相对优越，使得很多孩子就像温室里的花朵，长期享受着岁月静好，花团锦簇，没经历过一点儿风风雨雨。然而，社会并不是温室，不会像温室那样为他们遮风挡雨。当这些娇嫩的花朵离开温室，步入社会，必然会产生严重的不适感。为了让孩子能够尽早地适应社会中的风风雨雨，我们在教育孩子的过程中，要有意识地对其进行适度的挫折教育。而挫折教育的关键，则在于引导孩子直面挫折。

小青今年 10 岁了，上小学四年级。有一次，小青和同学约好去公园玩，外出前，他把乘车的路费顺手装进了衣服口袋里。他在公园里和同学玩了好久，一会儿在凉亭里玩，一会儿去踢足球，一会儿又玩捉迷藏，玩得非常开心。到了下午，大家都要回家了，小青和同学告别后，独自去公交车站坐车。要上车的时候，他伸手一摸口袋，心里陡然一惊，原来不知什么时候，他把坐车回家的钱弄丢了。

这下他可着急了，怎么办？他焦急万分，心里一直在想：没钱怎么回家呀？他在公园里找了好几圈，但终究没找到。他真的好想哭……

后来，他突然想起妈妈对他说过的话："遇到事情不要惊慌，要尽量寻求帮助。"

恰好，小青看到车站边有一位警察叔叔，他便把自己的情况告诉了警察叔叔。警察叔叔立即给小青的妈妈打了电话，小青的妈妈接到消息后很快便赶过来找他。见到妈妈，小青很内疚，对妈妈说："妈妈，对不起，我不小心把钱弄丢了，让您担心了。"

妈妈没有生气，更多的是欣慰，孩子遇到困难时，能主动寻求警察的帮助来解决问题，这不是很优秀吗？而且，妈妈觉得这是一次难得的挫折教育机会。于是，妈妈对小青说："小青，你能在遇到突发事件的时候主动寻求帮助，妈妈很高兴，说明我们家小青懂得如何应对挫折，勇敢地面对挫折了。只要你安全，钱丢了没关系。但你也要从这件事中吸取教训，以后不要再犯同样的错误了，好不好？"

小青说："我以后拿上钱，一定好好保管，绝不会再弄丢了。"

妈妈说："还有其他的想法吗？"

小青想了想，继续说道："遇到事情不能慌乱，要努力想解决问题的办法。办法总比困难多。"

妈妈说："你说得很对。以后爸爸妈妈不可能一直陪在你身边，不论遇到什么事情，都不要惊慌，要冷静面对，临危不乱，去想解决问题的办法。今天你就很机智地应对了你所遇到的困难，妈妈相信你以后再遇到困难时，会更好地去面对和解决。"

尽管小青向妈妈作了保证，但我们都知道，类似事情的发生其实在所难免。偶尔丢东西也是正常现象，重要的是如何应对这些计划外的突发情况。就像上面的案例所展现的，作为一个生活经验并不多的孩子，当小青遇到丢钱的事情时，虽然一开始也着急、惊慌，但后来还是通过自己想办法解决了问题，而不是一味地着急、惊慌。尽管这里所谓的自己想办法，仅仅是想起了妈妈之前对他说过的话，但正是那一句简单的嘱托，帮助他解决了眼前的问题，这说明妈妈对小青的挫折教育是成功的。

小雨是个小学二年级的学生，他聪明好学，而且动手能力超强，对什么事情都感到好奇。

有一天，他在看课外书时，发现远古时代的人们需要多个人一起出去寻找食物，一起去打猎，顿时觉得远古时代人们的生活很有趣。尤其让他关注的是书上的一幅配图，图片展现的是几个原始男人手里拿着自己做的长矛出去打猎的情景。那几个人拿长矛打猎的动作各种各样，有手里握着长矛正在走路的，有将长矛举过头顶的，还有正好将长矛准备投掷出去捕猎的……他看着看着，突然灵机一动，然后马上跑到客厅，找出自己的旧金箍棒、剪刀、几根不同颜色的吸管以及一卷大胶带，开始制作长矛。

小雨首先把红色的吸管用剪刀剪成相同长度的几段，接着用胶带将它们绑在金箍棒上作为长矛的杆身。然后，又将绿色吸管剪成细尖形状，当作长矛的矛头，并将其用胶带粘在红色吸管的顶端。就这样一把长矛就做好了。但没想到的是，他在用剪刀剪胶带的时候，不小心剪到了自己的手指，疼得他"哎呀"一声大叫起来。妈妈听到后赶紧跑过来，立即给他处理了伤口。

经历了这次意外的小雨有点难过，他没精打采地躺在了沙发上。

妈妈看见他这副样子，走过来说："小雨，被剪刀剪到的滋味一定不好受吧？妈妈很心疼。你是不是觉得自己已经会用剪刀了，而且都用过那么多次了，所以这次有些大意了？"儿子说："是的，妈妈，我觉得自己拿剪刀剪过那么多东西都没事，觉得自己的技术已经非常熟练了。但今天却用剪刀把自己割伤了，都怪自己大意了。这要被小军他们知道了，还不得笑话我？"妈妈说："别人笑不笑不重要，重要的是以后记得在使用刀子、剪子这些危险物品时，要格外小心，记得要保护好自己。不过，今天那把小剪刀的功劳还不小呢，你做的长矛和书上画得真像啊！"

小雨点点头，又兴奋地介绍起他的长矛来。他一边说着，还一边模仿着书上的原始人拿长矛的动作摆起了姿势，妈妈在一旁不断地夸着他拿"长矛"的姿势真帅！

在孩子的成长过程中，他的前方就像一座座崎岖不平的高山，等待着他去翻越，并让他在这一路的摸爬滚打中不断成长。而且他也只有在这样的过程中才有可能获得成长。而作为父母，小雨的妈妈给我们树立了一个好榜样：她在儿子遇到困难和挫折时，没有责备儿子，而是先处理好孩子的伤口，再心平气和地借助这次挫折去教育孩子，让他学会如何保护自己。小雨的妈妈没有像很多父母那样因噎废食，打着保护孩子的旗号，过度束缚了孩子，很好地保护了孩子的天性与兴趣爱好。

愈挫愈勇的孩子更强大

当提到挫折教育的时候，很多爸爸妈妈会问："让孩子一帆风顺地成长不好吗？为什么要让孩子经历挫折呢？"作为父母，我们或许可以让孩子现在一帆风顺，但无法确保他能一生无忧。因为只有让孩子亲身经历挫折，才能让他在战胜挫折的过程中对这一经历刻骨铭心，并将这种感受内化为一种愈挫愈勇的品质。这对于孩子来说，无疑是一笔宝贵的财富。

成成是个聪明又可爱的小男孩，他的爸爸和妈妈非常注重对他的教育。

一天，成成在爸爸面前撒着娇说："爸爸，爸爸，我想去公园玩，你可以陪我一起去吗？"爸爸看着孩子充满渴望的眼神，爽快地答应道："好啊，那咱们怎么去呀？"成成想了想说："咱们骑自行车去吧。"

于是，成成和爸爸一起骑着自行车去公园玩。

成成骑着他的小自行车，爸爸骑着大自行车，他们一起兴高采烈地骑向公园。快到公园时，有一段下坡路，由于成成没有及时刹车减速，导致自行车不听使唤，撞到了路旁的一棵树上，成成和自行车一起摔倒在地。

爸爸看到儿子摔倒在地，赶紧跑过去查看，发现儿子并没有受伤，于是站在成成旁边问道："儿子，怎么样？需要爸爸帮忙吗？"成成带着哭腔说："爸爸，你快来帮帮我吧，我被自行车压住了，起不来。"爸爸赶紧过去帮儿子抬起自行车，又伸出一只手将儿子一把拉了起来。成成说："谢谢爸爸！"爸爸说："没关系，你感觉怎么样？摔到哪里了？还能骑自行车吗？"

成成虽然感觉很疼，但他依然坚强地说："没事，爸爸，我还能骑。咱们走吧。"

成成和爸爸再次骑着自行车一起向公园进发。到了公园，他们玩得很开心。当他们骑着自行车到了公园的一个下坡路段时，成成知道自己控制不住车速，所以提前下了车，推着自行车走过了那段下坡路。看着儿子从刚才的事故中吸取了教训，爸爸欣慰地笑了。

当成成第一次在下坡路摔倒时，爸爸并没有批评和指责他，而是给他留下了自己思考的空间。因此，当他再次遇到下坡路时，就知道应该怎么去做了，这正是挫折教育带给孩子的益处。然而，有些家长却见不得孩子受一点委屈，一看到孩子哭泣，心就会变软，最后还是选择让孩子逃避困难。

优秀的品质，再多也不嫌多；低劣的品质，再少也应摒弃。在孩子的成长过程中，家长要不断地培养孩子的抗挫折能力。我们可以简单地把抗挫折能力看作是一个人在面对挫折时的忍耐度。当孩子遇到挫折的时候，即便无法立即克服它，但只要能够以乐观、积极的态度来面对，那么很多挫折本身也并没有那么可怕。

强强今年高三毕业，并且如愿考上了自己心仪的大学。在大学开学前，他决定去工地打工挣钱，帮爸爸妈妈分担一些经济压力。

很快，他便来到了工地上，和其他工人一起搬砖、推车、抬钢筋，一天要工作完成后，累得他浑身上下都疼，躺下就能睡着。

有一天，天气突变下起了大雨，而他既没有雨具，也没有可以避雨的地方。左找右找，他终于找到了一块塑料，便用手撑着那块塑料挡雨，没多久手就发麻了。在漫天的大雨中，他哭了，他真正

地感受到了生活的不易和挣钱的艰辛。

在工地上，他感觉自己已经拼尽了全力在干活，但工头还是嫌他做得不好，有时还会说："做不了就别做，慢吞吞的！"强强感到很委屈，但他一遍又一遍地鼓励自己，一定要坚持满一个月，一定要把钱挣到手。最终，他拿到了几千元的工资。看着自己辛辛苦苦挣来的钱，他默默地发誓道："我一定要努力学习，一定要通过努力改变自己的境遇，一定要让爸爸妈妈过上幸福的生活！"

当人们遇到困难、挫折的时候，90%以上的人会有 5 种反应，分别是攻击、退化、压抑、固执和退却，而能够正向思考的人所占的比例还不到 10%。大多数人在遇到挫折、困难时，都会习惯性地一味否认、责备自己，他们并不知道该如何去调整自己的情绪。而强强就属于能够正向思考的人。相信越挫越勇的他，在未来会愈发强大。

挫折是考验，更是机遇

今天的很多孩子存在着心理问题，这在很大程度上是因为他们的家人，尤其是父母，一直忽视他们的感受和需求，只关注他们的表现，特别是只关注学习成绩造成的。但归根结底，还是因为我们的孩子缺乏足够的抗挫折能力，从而导致他们的心理出了问题。这必须引起我们家长的重视，我们要在日常生活中对孩子进行抗挫折教育，以提升他们的心理承受能力。同时，我们要告诉孩子如何正确地面对挫折，告诉他们挫折既是考验，也是机遇，只要应对得当，不仅会增强他们的抗挫折能力，还能在应对挫折的过程中重新认识自己，不断地提升自己。

在新学期，琪琪升入了小学三年级，并开始学习英语。在英语课上，老师一遍一遍地教大家学习音标，带着大家朗读。琪琪觉得没必要读那么多遍，便在里面滥竽充数。结果，她有很多音标都没有学会，因此单词也不会读，更别提背写单词了。老师有几次对全班进行英语检测，琪琪的英语单词只写对了几个，老师便把琪琪的情况告诉了她的爸爸妈妈。

爸爸妈妈听到琪琪的表现后有点儿生气，下意识地想：琪琪上课怎么可以不好好听课呢？琪琪那么聪明，英语怎么会有那么多不会的单词呢？冷静下来后，他们决定和孩子聊聊天，听听孩子的想法，为什么其他课程学得挺好，偏偏英语学不好呢？

沟通过程中，爸爸妈妈只是就事论事地帮琪琪分析学习中存在的问题，丝毫没有责备和训斥孩子。同时，他们希望琪琪能够认真面对这次学习过程中出现的问题，吸取教训，改进自己的学习方法。妈妈告诉琪琪，出现问题不可怕，努力解决就好了。要将这次出现的问题看成是转变自己学习态度的一个良好契机，争取在以后的学习中能够认真对待，踏踏实实学习。

本来，琪琪以为爸爸妈妈肯定会骂自己，但听了他们的话后，琪琪的心里总算踏实了。同时她也认识到，自己确实存在学习态度不端正的问题，看来自己确实需要认真学习了。

琪琪的爸爸妈妈是睿智型的父母，得知孩子的英语学得不太好时，他们没有像其他家长那样暴跳如雷、劈头盖脸地责骂孩子，也没有置之不理。他们知道孩子只是在学习中遇到了一点儿小困难，作为父母，需要先冷静下来，然后理智地引导孩子，帮孩子厘清思路。孩子遇到挫折并不可怕，可怕的是不敢面对。在父母的正确引导下，琪琪不但认识到了自己学习上存在的问题，而且能够反思并改进自己的学习态度和方法，为之后以更好的状态投入到学习中打下了基础。

希望家长们都能像琪琪的父母那样，能够正确地面对孩子在学习中存在的问题。当孩子遇到挫折的时候，如果我们采用不正确的引导方式，不但无法教会孩子如何正确地应对挫折，将挫折转化为机遇，反而可能因为家长的不合理干预，导致孩子在错误的道路上越走越远，从而引发更多的问题。

小兵上一年级了，看着他天天努力学习，不断吸收新知识，妈妈打心底里替他高兴。

有一天，小兵在做语文作业时，突然哭了起来。妈妈听到小兵的哭声，立即跑过来问："小兵，怎么了？"

小兵一边哭，一边叫着说："这题太难了，我看不懂！"妈妈拿过题目一看，心想：这有何难？于是，她一边鼓励小兵，表扬他做得好的地方，一边教小兵解决那道难题。

可是有时候，妈妈很忙，而小兵领悟得又慢，于是妈妈在教他两遍后他还是不会时，妈妈会索性把答案直接告诉了小兵。这无疑是大错特错的做法。果不其然，当同样的情景出现了几次之后，小兵每次遇到难题，就会立即说"不会做""看不懂"之类的话，遇到其他的事情也都会依赖妈妈。久而久之，他的依赖心理变得越来越严重。

人都是趋利避害的，我们的大脑会下意识且千方百计地节省能量，而思考恰恰是最耗费能量的事。像小兵那样，每次遇到难题只要喊妈妈就能解决，他自然就不愿意自己动脑思考了。这同样是抗挫折能力弱的表现之一，这样下去，就会导致孩子的抗挫折能力越来越弱。所以当孩子遇到挫折时，父母不要过多地介入，要把解决问题的主体位置还给孩子，给他一次锻炼的机会。

合理的锻炼无疑会增强孩子的抗挫折能力。具体说来，家长可以从以下三个方面着手一试：

（1）设置挫折情景。设置挫折情景，主要是通过成年人利用现实情境或模拟日常生活中出现的问题，让孩子根据自己已有的生活经验，通过自己的努力克服困难，完成任务。当然，我们要根据孩子的心理承受能力和理解能力来设定"情景"的难度和强度，以避免挫伤孩子的自尊心和自信心。

（2）培养挫折意识。当孩子遇到困难时，家长应及时给予引导，使孩子能够正确地认识挫折，并且让孩子产生遇到挫折并不可怕、谁都可以把挫折踩在脚下的正向意识。

（3）言传身教。父母在日常生活中对待挫折的态度、反应，以及展现出的良好品德、个性等，都会对孩子起到潜移默化的渗透作用，犹如春雨，"随风潜入夜，润物细无声"。父母是孩子的榜样，孩子通常只会在家长的影响下逐渐建立起自己对生活的看法。

总之，当孩子在生活中遭遇挫折时，家长要在鼓励孩子的基础上帮他总结经验教训，以便他能吃一堑长一智，将挫折转化为成长的机遇，这也是挫折教育的最终目的。

第二章

经历挫折，才能明白生活的不易

现在的孩子大多都是在"蜜罐"里长大的。他们从一出生就被爸爸妈妈、爷爷奶奶、姥姥姥爷千方百计地宠溺着。他们过着"衣来伸手、饭来张口"的小公主或小王子般的生活，父母长辈的精心呵护，让他们很难经历任何坎坷。他们所得到的一切也是轻而易举、毫不费力的，所以他们很难体会到生活的艰辛与不易。在这样的环境中长大的孩子，就如同温室里的花朵，经不起外面的风吹雨打。日后他们走向社会，将难以自立、自强。只有让他们经历一些磨难和挫折，他们才会明白生活的不易，并在一次次的受挫中练就强大的内心，从而坦然面对不确定的未来。

重视孩子抗挫折能力的培养

我们经常听到一些父母抱怨，说现在的孩子又脆弱又敏感，不能接受家长和老师的批评。也有一些父母反映，有的孩子接受不了自己成绩的下滑，当他们的考试成绩不如其他同学时，不是自暴自弃、情绪低落，就是通过大吵大闹来发泄心中的不满。孩子之所以会出现这些情况，都是其抗挫折能力欠缺的具体表现。归根结底，这些问题的产生，多是由父母在日常生活中错误的教育方式导致的。

小阳今年读初二，学习成绩在班里属于中上等，稍微努力一下，成绩就能排到班里的前几名，而一旦稍有放松，成绩就下滑得厉害。

每当小阳的成绩取得进步的时候，他就是爸爸妈妈眼中的骄傲，爸爸妈妈恨不得把他捧到天上去，这时，餐桌上的美味多了，手机也可以随便玩了；当小阳的学习成绩下滑时，那家里就是另一番情景了，妈妈嘴里的话都是"带着刀子"出来的，每一句话都刺痛小阳的心，让他本来就低落的心情更加沉重。

时间长了，小阳对自己的学习成绩变得非常敏感，他越害怕成绩滑落，他的学习成绩就越滑落得厉害。慢慢地，小阳变得敏感而消极，总是自暴自弃，认为自己的能力就是不行，不是学习的料。

　　在我们身边，有很多孩子像小阳一样，因为父母错误的教育方式而不能正确地应对一些困难和挫折。他们原本很优秀，但当遇到学习或生活中的一些挫折时，父母不是去耐心地指导与鼓励，而是用冰冷的言语刺激他们。因为无法正确地面对并战胜挫折，慢慢地，他们变得愈发敏感、脆弱，甚至自暴自弃。

　　除了上面案例中小阳父母的行为外，父母的其他一些行为也会阻碍孩子抗挫折能力的培养。如果孩子的抗挫折能力长期得不到锻炼，就会成为弱不禁风的"豆芽"。

　　比如，有一些家长，由于自身缺乏对是非对错的合理判断，会想当然地认为孩子在遇到挫折时，选择逃避也是一种正确的做法。在这些父母看来，只要孩子有困难，父母就应该立刻帮助解决。殊不知，这样的行为会让孩子变得过度依赖父母，同时也会让孩子的抗挫折能力变得越来越弱。

还有一些家长喜欢拿自己的孩子跟别人家的孩子作比较。他们经常说："你看看别人家的孩子，考了全班第一，再看看你，和人家差了多少。"殊不知，这样的话说多了，会极大地打击孩子的积极性。

上述父母的这些行为，如果频繁发生，久而久之，他们的孩子就会变得自卑而懦弱，哪怕遇到芝麻大小的问题，他们也会想不开，抗挫折能力越来越差。因此，作为父母，我们一定要重视对孩子抗挫折能力的培养。在日常生活中，要多注意自己的言语和行为，既不要打击孩子的积极性，也不要溺爱孩子，而是要积极引导，让孩子能够勇敢地面对并战胜挫折。

在和孩子日常相处的过程中，作为家长，我们要注意避免一些错误的行为，不让这些行为影响孩子抗挫折能力的培养。具体来说，我们可以从如下两个方面着手：

（1）给孩子独立锻炼的机会。经受挫折对孩子来说未必是一件坏事，关键在于家长对待这件事的态度。无论孩子年龄多大，在家长眼中他们永远是孩子，给予的关心和呵护永远不会少。但家长是否考虑过，过多的关心有可能会带给孩子莫大的压力，并且不利于孩子的成长与独立。家长正确的做法是适时地放手，给孩子独立锻炼的机会，让孩子自己安排时间，独立生活、独立解决问题，也可以让孩子到父母工作的地方去体验一下生活。

（2）要让孩子敢于面对错误。在孩子的成长过程中，家长要时常对孩子加以夸赞，激发他们前进的动力。但是，当孩子犯错误的时候，父母千万不要一味地袒护孩子，而是要站在孩子的角度，引导他们勇敢地面对错误、反省自己。

遭遇挫折很正常，谁都不是超人

在人生的道路上，每个人都会遇到挫折。如果把我们的孩子比作即将"开刃"的刀，那么挫折就是磨刀石。家长只有不断地让孩子经历挫折来磨炼他们，孩子才能成为一把所向披靡的利刃。并且，我们还要告诉孩子：每个人都会面临挫折，遇到困难，因为谁都不是超人；我们想要过上更好的生活，就要不断地接受挫折的考验。

小伟聪明好动，爱说爱笑，同学们都非常喜欢他。然而，在上小学五年级的时候，小伟生了一场大病。疾病的折磨让他变得又瘦又黑。面对这突如其来的打击，小伟变得越来越消沉。爸爸妈妈虽然在家陪着他，但他却不愿意说话，他觉得自己现在很难看，害怕同学们会嘲笑他。他的心中充满了沮丧，他想不通，为什么疾病会找上他，让他陷入如此艰难的境地。病痛折磨了小伟好几个月，爸爸妈妈为此花光了所有的积蓄。让人欣慰的是，小伟的病最终痊愈了，身体也逐渐康复，全家人都很高兴。

小伟的病虽然好了，但他却不再愿意和同学们聊天，更别提和同学们开玩笑了。小伟的妈妈看着孩子每天闷闷不乐，心里十分着急。

一天下午，妈妈给小伟讲了一个故事："华罗庚是一位著名的数学家，他小时候家里很穷，读到中学毕业时，因交不起学费就被迫退学了。回到家里，他一边帮父亲干活，一边继续顽强地读书，他开始了自学。然而不幸的是，他染上了伤寒，病情特别严重。他在床上躺了半年，经过积极治疗，虽然痊愈了，却留下了终身的残疾——他的左腿关节变形，从此瘸了。当时的他只有19岁，他伤心、难过、迷茫、困惑，甚至绝望。但后来，他想起了古代的孙膑，虽然双腿残疾却著兵法，最后成了一名军事家。他意识到自己没理由自暴自弃，他决定用自己健全的头脑去努力，与命运顽强抗争。在接下来的日子里，他白天干活，晚上自学到深夜。他自学了英文、德文、法文，并发表了很多论文。25岁时，他已经是蜚声国际的青年学者了。孩子，每个人都会遇到挫折，关键是看你怎么去对待它，用积极乐观的心态去面对，你可能会有意想不到的收获。"

小伟听了妈妈给他讲的这个故事后，深受启发。他想到自己只不过是生了一场病，况且现在身体已经康复，老天对他已经挺好了，他还有什么想不开的呢？渐渐地，小伟又变得像以前那样开朗、活泼了。

在遭遇困难和挫折时，有的人能够奋发向上、自强不息，征服挫折和失败，从中吸取教训，并最终获得成功；有的人则一蹶不振、自暴自弃，因此丧失自信，从而放弃努力奋斗。其实，我们每个人都有遭遇挫折的可能，但面对挫折的态度决定了我们以后的人生之路所能达到的高度。

　　萱萱每天写完作业后，都会下楼跟小区里的小伙伴们一块玩。一开始，妈妈还会陪她下去，在一旁看护着她，防止她在玩耍的过程中发生什么意外，但是后来，妈妈逐渐放下了戒备心，觉得在小区玩应该不会有什么危险，毕竟很多小朋友都是自己下楼玩的。有了这样的想法后，妈妈也就不再陪萱萱一块下楼玩了。

　　假期里的一天，萱萱和小朋友们一起骑自行车玩，孩子们一会儿去这里骑，一会儿又到那儿骑。估计是他们在平地上骑久了觉得没意思，想要寻求一些挑战，就到一个坡上骑，并从坡上往下冲。在从坡上往下冲的过程中，萱萱感觉自己的自行车不听使唤了，失去了平衡，最后连人带车一起摔倒了。萱萱疼得使劲哭，听到哭声的妈妈赶紧下楼去找她。这时，萱萱的胳膊已经疼得动不了了，妈妈赶紧带她去了医院。在医院通过拍片得知，萱萱的胳膊摔骨折了，需要马上做手术。萱萱被送进手术室后，妈妈很自责，心想要是当时自己陪在萱萱身旁，也许就不会发生这种事了。

　　看着不断自责的妈妈，一旁的奶奶不住地安慰她："孩子们玩耍时，出点儿意外在所难免，谁也没想到孩子在小区里玩会摔骨折。再说，这对于孩子而言未尝不是一件好事，经历了这次挫折后，孩子今后应该更懂得保护自己了。"

　　正如萱萱奶奶所说的那样，萱萱虽然摔断了胳膊，但她也因此

体会到了疼，懂得了敬畏，以后骑自行车的时候肯定不会再冒险到
陡坡上去骑了。这次的教训，萱萱一定会铭记于心的。这次的挫折
教育对孩子的成长意义更深刻，尽管代价有些大，但既然事情已经
发生，父母正确的做法就是引导孩子勇敢去面对，并认真总结其中
的教训。这样，下次再遇到类似情况的时候，他就会懂得如何保护
自己，不至于让自己再次陷于危险的境地。

挫折是走向成功的必修课

　　所有的父母都希望自己的孩子是最优秀的，希望他们可以在未

来的人生历程中获得成功。但是我们也必须要明白，想让孩子拥有破茧成蝶时的华丽，他们就必须先要经受蜕变的痛苦与艰辛。当孩子正在经历痛苦和挫折时，家长不必过于担心，因为孩子在成长过程中经历一些挫折并不可怕。我们要知道，挫折是走向成功的必修课，只有不断地接受挫折的磨炼，孩子才能变得越来越强大。

　　小宇今年上二年级，他聪明活泼，乐于助人。在学校里，他经常关心同学，上课积极发言，下课和同学们在操场上快乐地奔跑、玩耍。可他的字却写得不是很漂亮，做题也有点儿马虎。

　　期中考试的时候，小宇自信满满地进入了考场。他拿到试卷后先看了看题，觉得考试的题目并不难，接着他和其他同学一样认真地做起了每一道题。等考试结束后，小宇很自信地告诉妈妈："妈妈，考试的题目很简单，我一定能考100分。"妈妈微笑着说："小宇，妈妈相信你的实力。"

　　两天后，期中考试的分数出来了，小宇考了96分，因为没有考到100分，所以小宇有些不高兴。他回到家后，妈妈发现孩子的情绪很失落，就问他发生了什么事情。小宇难过地说："妈妈，我的期中考试成绩出来了，没考好……没有得100分。"

　　妈妈看着孩子伤心的样子，温柔地问道："小宇，你考试的目标是100分，对不对？现在你考的分数离100分差得多吗？"

　　"不多。"小宇回答道。

　　妈妈接着说："很好。妈妈问你，你平时一般吃几个饺子就饱了？"

　　小宇回答道："大概10个吧。"

妈妈又问："那是不是第 10 个饺子让你吃饱的呢？"

小宇回答道："肯定不是啊！"

妈妈语重心长地说："如果把吃饱当作是一个 100 分，那你吃第一个、第二个、第三个，直至吃到第九个饺子的时候，都没有达到'吃饱'这个目标。从表面上看，似乎吃前面的那 9 个饺子都没有用，都是一次次'失败'。其实，这 10 个饺子中，你每吃下一个，都是向'吃饱'靠近一步，都是向成功目标迈进一步，绝不是第 10 个饺子让你吃饱的。学习也是一样的道理，只有每天将学过的知识消化吸收，考试时将每一道题都认真去做，细心检查，才有可能获得你想要的成绩。即使我们暂时没有达到目标，但这次小小的失败也是在为你成功考 100 分做准备的。我们要做的不是遗憾这次没有考到 100 分，而是分析失分的原因，争取把不足补齐，把学过的知识真正地掌握。分数固然重要，但你不能光盯着分数，当你的知识学得很扎实，心态调整到最佳的时候，你想要的分数自然而然就会来了。"

听了妈妈的分析，小宇觉得很有道理。虽然自己这次失分表面上是因为粗心大意，但本质还是因为自己对知识点掌握得不熟练所导致的。另外，有一分是因为自己写"0"的时候不规范，老师看成了"6"，导致丢了分。就像妈妈说的那样，如果自己把这些毛病都一一改掉，下次一定可以考到 100 分的。想到这里，小宇又对自己充满了信心，快乐地写作业去了。

小宇的妈妈在孩子考试成绩不理想时，并没有责备小宇，更没有对小宇表现出失望的一面，因为她深知，在漫长的人生道路上，孩子的一次考试失败只是他所经历的一次小小的挫折。作为父母，我们要让孩子明白：有目标是好事，但在实现的过程中需要付出很多的努力，这其中也可能会经历一次又一次的挫折。

小彤是个爱说爱笑的小女孩，也是个非常懂事的孩子。放暑假后，她看妈妈每天还早早地去上班，非常辛苦，于是决定帮妈妈做家务，减轻妈妈的负担。

有一天，吃完早饭，妈妈上班的时间快到了，小彤就对妈妈说："妈妈，你赶紧去上班吧，我来收拾碗筷，我会把厨房收拾得干干净净的。"

妈妈走后，小彤先把碗筷收拾到一起，放到了洗碗池中。她边洗碗边听音乐，不小心把碗和筷子都碰到了地上，两个碗都摔碎了。小彤刚开始吓坏了，但冷静了一会儿后，她将碎了的碗片都清扫干净了。

小彤坐到沙发上，因为害怕妈妈回来骂她，所以一整天都没出去。

妈妈下班回来后，发现小彤今天有点儿反常，没有以前那么活泼、高兴了，就问："小彤，怎么了？发生什么事了吗？"

小彤看着妈妈，低声地说："妈妈，对不起，我今天早上洗碗的时候不小心把碗打碎了。"

妈妈看着孩子，心疼地说："碗打碎了没事，还可以再买，关键是你有没有受伤啊？"

小彤赶忙说："我没受伤，妈妈。你不怪我？"

妈妈温柔地对小彤说："小彤这么懂事，帮妈妈做家务，洗碗筷，

我高兴还来不及呢，怎么会怪你呢？这说明你正在成长。只有你先去做了，才可能学会洗碗。尝试的过程中可能会不小心把碗打碎，但我相信你不是故意的。我也相信你明天、后天洗碗的时候，一定会加倍小心的，是不是？"

小彤点点头，脸上又露出了笑容。吃完晚饭，小彤主动地收拾碗筷，这次她小心了很多，洗的时候也专心了很多。不一会儿，厨房就被她收拾得干干净净的了。妈妈看着自己的女儿这么懂事，欣慰地笑了。

只有永远躺着的人才不会摔倒，只有永远不下水的船才不会翻沉。我们只要做事，就有可能会犯错误。如果因为怕犯错误而放弃了行动，那这个人就永远不会成长。当孩子做事出现错误时，父母千万不要采取"零容忍"的教育态度。如果父母过于严厉，孩子面对错误时就会十分消极，面对挫折也会表现得十分脆弱，孩子面对错误的恐惧感会进一步被放大，今后将很难经受巨大的压力。作为父母，我们要鼓励孩子，不要让孩子觉得犯错很可怕，要让孩子明白失败也是成功的一部分，失败是走向成功的一门必修课。

接受平凡才能更优秀

"像我这样优秀的人，本该灿烂过一生，怎么二十多年到头来，还在人海里浮沉……"，这是毛不易《像我这样的人》这首歌的一句歌词。这首歌之所以深受欢迎，是因为它的歌词写出了许多人内心的真实想法。

每个人都生而平凡，而有些人之所以伟大，是因为他们在平凡的生活中做出了不平凡的事。我们期望自己的孩子成为一个优秀的人，但首先必须接受他的平凡。只有这样，孩子才能有更宽松的成长环境，才可以成为更好的自己。

亮亮今年上初一了，学习的课程一下子增多了，老师布置的作业也比小学时多了不少，这让亮亮一下子感觉压力很大。他这次的期中考试成绩在班里属于中等水平。

妈妈看到亮亮的成绩后，一下子急了，就问："亮亮，你现在到底是怎么回事？怎么成绩考得那么低？上了初中后，你是不是就不努力了？你想一想，你小学每次考试成绩都在班里前三名。那时候多优秀，怎么上了初中就掉队了？"

妈妈不停地唠叨着，小学时亮亮的成绩一直名列前茅，是妥妥的"别人家的孩子"。而现在，妈妈失去了曾经的骄傲，变得忧心忡忡。

亮亮不耐烦地说："我上了初中不是不努力，而是一下子要学那么多，我有点应付不过来。"说完，亮亮就把门给关上了。妈妈还想说什么，但亮亮已经不再给妈妈说话的机会。

每一个孩子在父母眼中都是独一无二的，在我们的精心呵护下，他们慢慢长大。当孩子学会一点儿本领时，我们会备感欣喜，觉得自己家孩子天赋异禀，今后一定是个人才，要好好地培养他。但是当孩子的成绩下滑时，很多父母就开始着急了，觉得自己家的孩子不应该考得那么差。于是，批评、责备向孩子扑面而去，给孩子重重施压，让他们不堪重负，对学习产生恐惧和厌烦，最终对学习失去兴趣。如果我们能够多给孩子一些鼓励，为孩子营造一个轻松的学习环境，相信孩子自然就会放下压力，掌握正确的学习方法，学会学习，进而爱上学习。

小磊是个爱读书的孩子，一有时间他就会看书。按理说，喜欢看书对于孩子来说是一个非常好的习惯，但是小磊的妈妈觉得儿子过于沉迷看书，一点儿也不活泼，平时也不怎么爱说话，也不和小朋友们一起出去玩。

每次看到邻居家的孩子既活泼又爱动，妈妈就会数落小磊："你就知道看书、看书，你别那么内向好不好？一天也说不了几句话。你看人家楼下的玲玲，既活泼又开朗，多招人喜欢啊！你能不能出去和小朋友们玩一玩儿？"

妈妈的责备和比较让小磊心里十分难受，他不知道自己哪儿做错了，自己只是爱看书而已啊。别的同学的爸爸妈妈不都希望自己的孩子能多看些书，少出去玩吗？小磊不知道自己该怎么做，他想看书，但是又怕妈妈说他。

作为家长，我们总是喜欢拿自己家的孩子和别人家的孩子进行比较，而且是用自己家孩子的缺点和别人家孩子的优点进行对比，这对于孩子来说显然是不公平的。我们要时刻提醒自己，不要总拿自己家的孩子和别人家的孩子作比较，不要让虚荣心作祟，一看到自己的孩子在某方面不如人家就倍感焦虑。

　　我们不要总盯着别人家孩子的优点不放，或许自己家孩子身上的优点也是别人所羡慕的呢！请各位爸爸妈妈能以平常的眼光来看待自己的孩子，接受孩子的平凡，不要急功近利，让孩子踏实认真地做好自己当下的事情就好，给孩子一些时间和空间，相信他会变得越来越优秀。

第三章

学海无涯，学习的路上挫折无法避免

　　每个人的生活都不会一帆风顺，即使再强大的人也会失败和跌倒。学习也一样，在通往成功的路上，孩子会遇到形形色色的问题，也会经历各种各样的挫折，比如考试成绩不理想、做题遇到"拦路虎"等。当遇到挫折的时候，孩子可能会变得心情烦躁，甚至自暴自弃。这个时候作为父母，我们要正确引导孩子，教会孩子如何从容地面对学习过程中的各种困难与挫折，总结经验教训，找到适合自己的学习方法，使学习之路越走越顺畅。

不要因为一次考试而垂头丧气

"书山有路勤为径，学海无涯苦作舟。"这句话告诉我们，学习是没有捷径的，它是一件需要付出辛勤努力的事情。所以，孩子在学习知识的过程中，遇到各种各样的问题是在所难免的。如果这些问题不能得到及时有效的解决，孩子后续的学习效果也会受到相应的影响。

小海今年10岁，刚刚升入四年级，学习任务也加重了很多。小海的爸爸妈妈对他的学习都非常重视，小海也非常努力，上课认真听讲，下课后努力完成老师布置的作业。

没多久，小海的积极上进被老师发现了。老师非常喜欢这个积极向上的学生，经常在同学们面前夸奖小海。在老师组织的几次小测验中，小海的成绩总是名列前茅。小海非常高兴，便将这个好消息告诉了妈妈。妈妈听后也非常高兴，感到十分欣慰。

然而，几次的好成绩让小海有些飘飘然了，他开始觉得自己就是个学习天才，同时也变得越来越骄傲。但是在接下来的期中考试中，小海没有发挥好，成绩非常不理想。

望着刺眼的分数，小海心里难过极了。妈妈看着他那有些"惨淡"

的成绩，也非常生气，便狠狠地训斥了小海一顿："那么简单的题也不会，竟然做错了好几道，真是太让人失望了，这几天不许看电视！"

小海本来就很沮丧，听了妈妈的训斥后，变得更加伤心了。他突然改变了对自己的看法，觉得自己根本就不聪明，反而很愚笨，连非常简单的题也做不对。从那之后，小海对自己失去了信心，对学习更是没了兴趣，上课也不再认真听讲了，考试成绩更是一落千丈。

在小海取得优异成绩时，他的妈妈非常欣慰。而当小海的成绩没考好时，妈妈没有去安慰与鼓励他，也没有帮助他分析没考好的原因，更没有和孩子一起寻找其中存在的问题，反而是一味地斥责孩子。这不但起不到帮助的作用，反而会极大地打击孩子学习的自信心。

在这次考试之后，小海对学习失去了兴趣。造成如此后果，他的妈妈负有不可推卸的责任。在小海处于学习低谷的时候，她不但没有为小海提供丝毫的帮助，反而让小海的内心受到了言语伤害，让本来就低落的心情更是雪上加霜。

实际上，期中考试的成绩不理想，对于小海来说，只是成长路上的一个小小挫折而已。作为家长，他的妈妈此时最应该做的是鼓励与安慰孩子，引导孩子认真反思，找到失分的原因并加以改正，让孩子重新树立对学习的信心。

小佳是五年级的学生，她的同桌是班里的学习委员，成绩非常好。

小佳与他一比，成绩就显得相对一般了，这让小佳感到有一些自卑。

时间过得很快，转眼间又到了期中考试的时间。当试卷发下来时，小佳先浏览了一下试卷，觉得不难，只要自己认真做，一定会考出好成绩的。她也下定决心，这次考试成绩一定要超过同桌。

但是当考试成绩公布时，小佳发现自己的成绩还是没有同桌的成绩好。老师还在课堂上又一次表扬了小佳的同桌。小佳听了之后，心情有些沮丧。

小佳回到家后，妈妈发现她闷闷不乐，便问她是什么原因这样不开心。当问清楚原因后，妈妈温和地对小佳说："傻孩子，不要因为一次考试成绩不如意就垂头丧气。就因为考试成绩不如同桌，你就觉得自己笨了？你知道爱因斯坦吗？他可是全世界都公认的大科学家。但你知道吗，他小时候上学考试还有考一分的时候呢！所以，你不要轻易否定自己，不要觉得自己笨。"

听了妈妈的鼓励，小佳一扫先前的沮丧，信心一下就来了，而且她也知道自己接下来该怎么做了。

在小佳学习遇到挫折的时候，妈妈通过讲述名人故事，让孩子有了信心和动力。可以说，小佳妈妈的做法是值得称赞的，也是值得其他为人父母者学习的。

考试只是检查学习效果的一种手段，老师经常用这种方法来检验学生对知识的掌握程度，以便据此调整教学方法。但是，由于孩子的心智还不成熟，他们常常会把成绩当成是衡量自己聪明与否、未来成才与否的标尺。一旦成绩不理想，就会垂头丧气、情绪低落，甚至会对自己的未来产生怀疑。这个时候，他们最需要的是家长的帮助和引导，帮助他们正确地认识自己。一次考试并不能反映孩子全部的实力，父母应该帮孩子重新分析自己，找出考试失利的原因，明确自己的优势与不足，然后重新设定学习目标，制订学习计划。

课上听不懂别灰心，多问多学就好了

很多孩子在学习的过程中，经常会遇到上课听不懂的情况。当这种情况出现的时候，他们就会陷入迷茫状态，不知道该怎么办才好，进而也会影响学习效果。

今天的第三节课是体育课，而小龙在第二节的数学课上就已经
显得有些心不在焉了。靠窗坐着的小龙不时地望向窗外的操场，恨
不得马上就能到操场上尽情奔跑。老师讲的内容他没听进去几句，
等他回过神来再想听讲时，却已经听不懂了。就这样，小龙迷迷糊
糊地上完了这节课。下课铃声一响，他立刻飞快地跑向操场，兴高
采烈地等着上体育课。

下午放学回家做作业时，小龙发现自己有好几道题都不会做，
于是他问妈妈怎么做。妈妈一看这么简单的题他都不会做，火气一
下子就上来了，带着责备的口气说："小龙，你到底在学校有没有
好好上课？听没听老师讲课？"

小龙听着妈妈的一连串质问，回答道："我听了，但老师讲的

我没听懂。"

妈妈更生气了，指着小龙说："你怎么这么笨，连这么简单的题目都不会做。听不懂，只能说明你没认真听。听不懂，你应该去问老师呀！"

小龙听着妈妈的责骂，生气地跑回了自己的卧室。

一般来说，老师在课堂上讲授的都是新知识。对于陌生的知识，要让孩子全部听懂是非常困难的。有调查显示，学生能够听懂老师所讲知识的 90% 就已经很难得了，而大部分学生能听懂 50% 左右。如果孩子在上课的时候出现走神或心不在焉的情况，那么能够听懂的知识可能会更少。

所以，课上有听不懂的知识是非常普遍且正常的现象。但是，有的孩子不了解这一点，认为自己听不懂老师所讲的内容，原因就是自己太笨了，并由此产生厌学情绪。

这个时候，作为父母，我们不应该跟着孩子一起着急，甚至劈头盖脸地责备孩子，而是要告诉孩子遇到这种情况的时候应该怎么做。比如，我们可以告诉孩子，课上听不懂没有关系，不要灰心，可以在下课的时候多找老师请教，把课堂上没听懂的知识点再补上。

晓晴今年上五年级了，成绩一向较好的她，这几天在听数学老师讲题时，却有点儿听不懂了。虽然数学题有一定的难度，但是以前晓晴遇到难题只要听老师讲一遍就会了，可是这几天听老师讲了一遍后，她还是有些似懂非懂。

晓晴将这个难题告诉了妈妈，并向她寻求帮助。

"妈妈，老师这几天讲的题目我有点听不懂，我怀疑自己根本就不是学习的料。"晓晴和妈妈聊起了自己的烦恼。

妈妈听了温和地说："在学习中可能会遇到很多难题，不懂就要问。孩子，上课听不懂别灰心，多问多学就好了。听不懂你可以寻求帮助，比如可以问问同学，交流一下；也可以去找老师，说出自己不懂的地方，让老师再讲一遍。对于你们学生来说，有听不懂的地方很正常，你不用怀疑自己的能力。妈妈相信你一定可以战胜这个小小的困难。"

晓晴听了妈妈的话后，心中豁然开朗了起来。在以后的学习中，晓晴只要遇到不懂的地方，都会第一时间向老师寻求帮助。在老师的讲解下，晓晴慢慢理解了这些知识点，跟上了老师讲课的进度，顺利地从学习的挫折中恢复过来，成绩又慢慢提升了上来。

孩子听不懂课堂知识，是一个普遍现象，但家长所采用的教育和引导方式不同，对孩子造成的影响也会有所不同。小龙的妈妈和晓晴的妈妈就是两个正反例子。当孩子听不懂课堂知识的时候，我们家长应该告诉孩子，多学多问才能有效地解决学习中遇到的问题，克服学习中的挫折。

多学多问，可以第一时间解答孩子心中的疑问，提升他的学习效率；同时，还可以帮助孩子养成主动学习的习惯，因为主动探求知识要比被动接受知识有效得多。除了学习知识外，多向老师请教自己不懂的问题，还可以锻炼孩子的沟通能力，拉近与任课老师之间的距离，从而更好地促进他的学习。

总之，作为父母，我们要多鼓励孩子跟老师沟通，遇到不懂的问题及时请教老师，把问题彻底弄明白，这样孩子学习的积极性自然而然就会提高。

知识浩如烟海，你不可能什么都会

我国古代的大哲学家庄子说："吾生也有涯，而知也无涯。"意思是说，每个人的生命都是有限的，而知识是无穷的。一个人不可能把所有的知识都学完，也不可能什么都会。我们作为父母，也要告诉孩子：知识是无限的，我们只要努力学习就好，不可能把所有知识都装进脑子里。当碰到不懂的知识时，不要气馁，不要难过，这些都是正常的，要用平常心去看待。这个时候，孩子需要做的就是努力去学习新知识，让那些没学过的知识内化为自己所掌握的知识。

二年级的浩宇和班里的几个同学在一起聊天，其中一个叫王明的同学说："在远古时代，地球上出现了很多种恐龙，你们知道有哪些种类的恐龙吗？"

一个同学说："我知道，有暴龙、三角龙……"

"还有翼龙。"另一个同学补充道。

王明说："你们说的都对，不过还有很多其他种类的恐龙呢，比如剑龙、禽龙、伤齿龙、索他龙。"

其中一个同学说："我最喜欢三角龙，三角龙的身长大约是8米，体重大约有5~10吨，它可在有角的恐龙里块头最大的。它的眼睛上方长着一对长1米左右的大角，而鼻头上长着小小的角，这就是它名字的由来。"

王明补充道："而且，三角龙的那一对大角是专门用来对付肉食性恐龙的武器。"

而一旁的浩宇却一个也说不出来，他有点羞愧，脸一下子就涨红了。

等他们放学回家，浩宇一脸的不开心。妈妈看见了，关心地问道："浩宇，怎么了？发生了什么事？"

浩宇将他在学校时同学们课下讨论的恐龙话题讲给妈妈听，他说："他们都知道恐龙，对恐龙的相关知识了解那么多，而我却一点儿也不知道。我怎么这么笨呀。"

妈妈看着浩宇，温和地对他说："世界上的知识浩如烟海，你不可能什么都会。如果你想了解这方面的知识，咱们可以买一些有关恐龙的书，等你看完以后，你也是恐龙这方面的'小专家'了。"

浩宇听了妈妈的话，这才兴奋起来，嚷嚷道："妈妈，快给我买关于恐龙的书吧，我也要成为研究恐龙的小专家。"

妈妈看着浩宇开心的样子，心里感到很欣慰。

知识的海洋是无边无际的，有很多未知的知识等待我们去进一步探索和学习。我们要鼓励孩子不断地学习新知识，就像案例中的浩宇那样，同学之间的讨论激发了他的求知欲，而他的妈妈则因势利导，鼓励他去探索相关知识。这样，孩子不仅可以学习到很多新知识。还能在学习的过程中不断地增强自信，明白只有不断地学习才能让自己变得越来越优秀。

小琪今年读二年级，她喜欢动脑筋，思维非常活跃，想象力也特别丰富。

小琪的妈妈十分注重培养她的动手实践能力，因此，妈妈和小琪在家里经常做一些小手工、小实验。

快到元旦了，学校向同学们征集手工作品。

"妈妈，学校为了庆祝元旦，让我们自己做一件手工作品，然后带到学校展示给大家看。我做什么呢？"

"你想做什么？妈妈陪你一起做。"

"妈妈，我做一个不倒翁怎么样？"

"好啊！"

于是，她们找来了所需要的工具：彩笔、卡纸、胶水、鸡蛋壳、剪刀和一小碗豆子。

小琪说："妈妈，做不倒翁一定很有趣吧？"

妈妈回答道："是啊，特别好玩。现在我们就一起动手吧。"

说着，两人就行动了起来，用鸡蛋壳做不倒翁的身体，小琪负责给不倒翁画帽子和脸，不一会儿就画好了。一个可爱的不倒翁已经有了基本的模样。

"咦，妈妈，我的不倒翁为什么总是站不起来呢？这可怎么办呀？我怎么就做不好不倒翁呢？"小琪愁眉苦脸地说。

妈妈给小琪解释道："不倒翁站不起来是因为你往里面放的豆子太少，不倒翁的重心太高，所以你还需要多放一些才行。"

小琪惊奇地说："原来是这样啊，妈妈你真厉害，什么都知道。"

妈妈耐心地对小琪说："你刚才不知道，现在是不是知道了？世界上的知识浩如烟海，那么多的知识你不可能全会。有不会的知识并不可怕，我们只要通过学习就能很快掌握。你说是不是呢？"

小琪用力地点点头。

在浩瀚无边的知识海洋中，人类总是在不断地追求着、探索着新的知识领域，但人的精力毕竟是有限的，不可能什么都懂，大人如此，小孩儿亦如此。当孩子遇到不会的、不懂的问题时，父母不要不分青红皂白地骂孩子，而是要给予他们耐心的开导与讲解。当孩子掌握了未知的知识后，他们的挫败感就会减少，抗挫折的能力也会相应地提高。

成绩低迷是暂时的，努力学习就好了

作为父母，对孩子的学习成绩都非常关心，但是要明白，考试只是对有限知识点的考察。成绩不理想，并不代表孩子没有付出努力，也不代表孩子笨。如果成绩不理想，那只说明有一些知识点孩子还没有掌握牢固，还不会灵活运用。

这个时候，父母一定要鼓励孩子：成绩低迷是暂时的，只要努力学习就会有所改善。同时，父母也要给予孩子信心，让孩子能够正确看待自己成绩的起伏，以平和的心态投入到学习中去。

杨军今年上六年级了，性格活泼，爱好广泛。平日里喜欢看书、热爱运动，同时他的学习成绩也很优秀。很多家长都很羡慕杨军的爸爸妈妈，觉得能够拥有这么一个优秀的孩子，他们真的很幸福，不像其他家长那样每天都在三番五次地催孩子学习。

　　实际上，杨军的爸爸妈妈对孩子的学习成绩是比较包容的，他们没有设定硬性要求，一般不会对孩子的学习进行干涉。当杨军考试成绩不理想的时候，他们也不会责备孩子，而是会陪着杨军一起分析答题出现失误的原因，并帮助他查漏补缺。

　　在这样的家庭环境下，杨军也深知学习是自己的事情，他会根据自己的实际情况来安排自己的学习计划。当老师讲授新知识的时候，他总能认真学习，确保把知识学扎实。而当他觉得自己对某个知识点学得已经很扎实的时候，便会去做一些自己喜欢的事情，比如参加学校组织的各种课外活动。

在孩子的学习上，杨军的父母没有刻意要求杨军必须考多少分，即使杨军的成绩不太理想，他们也没有责备杨军，可以说是非常理性的，这一点值得我们学习。但很多父母做不到这一点，他们紧紧盯着孩子的考试分数，容不得孩子有丝毫退步。但是，孩子长期处在学习的高压之下，是很难取得理想的学习成绩的。

那么，在孩子成绩低迷时，家长应该注意什么呢？

第一，孩子成绩低迷时，家长不要太唠叨。

对于家长的唠叨，孩子是十分反感的。家长之所以唠叨，是因为孩子在某些方面的表现不符合自己的要求。然而，家长的过分唠叨会让孩子产生厌恶感，甚至产生逆反心理，专门和父母对着干。

第二，孩子成绩低迷时，家长不要训斥。

有太多的家长想通过训斥来达到教育孩子的目的。但是，这样做的后果却只能是适得其反。渐渐地，孩子就会失去自信，并开始怀疑父母对自己的爱。

第三，孩子成绩低迷时，家长期望不要过高。

望子成龙、望女成凤是每一个家长的心愿。但是，每个孩子身上都有不完美的一面。当孩子的学习成绩不理想时，父母不要用过高的标准去要求孩子，尽量给孩子营造一个宽松、自由的学习氛围。孩子只有放下肩上的巨大压力，他的学习成绩才会慢慢提升。

第四章

接受历练，吃了挫折的苦才能体味成功的甜

　　孩子的成长需要历练。从小在温室里长大、没经历过挫折的孩子，将来走上社会，面对复杂的人与事会很难适应。同时，没有经历过挫折的孩子抗压能力相对较弱，稍有不如意的事情就可能一蹶不振、畏缩不前，这是每一位家长都不愿意看到的。所以，作为家长，我们要给孩子提供接受历练的机会，让他体验一下挫折的滋味，这样他才能更好地体味成功的甜。

家境的贫寒不应成为沮丧的理由

　　每个人的家庭条件都是不一样的。有的人家境殷实，生活富足；有的人则家境贫寒，生活艰辛。很多人将生活条件的优劣当作能否取得成功的必要条件，但无数事实告诉我们，物质条件并不能完全决定一个人的成功，相反，家境贫寒往往更能激发人的上进心。所以，家境的贫寒不应成为孩子沮丧的借口。在教育孩子时，我们应该淡化孩子对物质条件的过分关注，这样他们的心态才会变得平衡，从而将更多的精力用在学习上。

　　开学第一天，婷婷的妈妈高兴地去接孩子放学，可婷婷却嘟着小嘴，慢吞吞地从学校走了出来。

　　"怎么了？跟新同学相处得不愉快吗？"妈妈关切地问道。

　　"也不是，大家都很热情，我们还互相聊天呢。"婷婷回答说。

　　"那你怎么看上去一副不开心的样子啊？"

　　"妈妈，我的同学家里都很有钱，有一个同学家里开着公司，有一个同学家里有果园，还有一个同学家里经营着饭店。可是，看看咱们家，什么都没有，想到这些我就高兴不起来。"

"宝贝，你现在是去上学，又不是去攀比谁更有钱。妈妈问你，你和同学们是不是上一样的课？"

"嗯。"

"是不是同一个老师？"

"嗯。"

"那你们学习的起点就是一样的，大家都是平等的，都有机会去实现自己的梦想。所以，你不应该感到难过。"

听了妈妈的话，婷婷的心里稍微好受了一些。回到家后，妈妈给婷婷讲了很多名人的故事，他们大多出身贫寒，却取得了辉煌的成就。

妈妈又告诉婷婷："人的出身是不能自己选择的，但是未来的路是由自己决定的。你是想因为家境贫寒而沮丧消沉，还是想奋发图强？"

"奋发图强。"

"这就对了嘛。家境贫寒只能算是生活对你学习意志的一种考验，只要你战胜它，你就距离成功不远了。我和你爸爸也会努力赚钱，给你做坚强的后盾。"

"嗯。"婷婷使劲儿地点了点头。

孩子对于生活还没有深刻的认识，看到自己的生活条件不如别人就会耿耿于怀，于是开始意志消沉，在学习上也变得消极磨蹭。这时，我们要及时地纠正孩子的攀比心理，让他们敢于正视自己的家境，要让孩子认识到，家境的贫富与学习的优劣是没有直接关系的。

过去，涛涛的爸爸自己开着一家小工厂，虽说工厂并不是很大，但也能让涛涛过上衣食无忧的生活。然而，随着市场竞争的日益激烈，涛涛爸爸工厂的生意越来越难做，最后实在支撑不下去，倒闭了。涛涛一家的生活也因此陷入到了困境之中。

面对这突如其来的变化，涛涛很难适应，他整天心情沮丧，连学习的心思也没有了。爸爸妈妈原本也很难受，不过他们却并没有表现出特别灰心失望的样子。看到涛涛无心学习，心情低落，爸爸妈妈觉得应该好好开导一下孩子。

一天，涛涛写作业时又陷入了沉思，爸爸走到跟前，问道："想什么呢？"

"爸爸，过去咱们家有钱，可是现在日子一下子变得很艰难，我非常难过。"

"咱们现在的日子的确有些捉襟见肘，可并不代表咱们会一直这样，所以你完全没有理由沮丧啊。难道遇到这样的挫折之后，我们就该一味地沉浸在痛苦中不能自拔吗？"

涛涛摇了摇头。

"所以啊，家境清贫不是沮丧的理由，而应该是更加努力的动力。爸爸为自己的人生奋斗，你也为自己的将来努力，好不好？"

"好，爸爸，我以后不会再因为生活艰苦而难过了。"

孩子如何看待贫困的家境，会产生怎样的心理反应，在很大程度上会受到父母的影响。如果家长能够正确地引导孩子，他就会在贫困的成长环境中衍生出更多的勇气，尽力摆脱各种负面情绪的干扰。所以，当孩子因此而沮丧时，我们作为父母应该多鼓励他，让他打开自己的格局，把目光放在更加长远的未来。只要心存理想，孩子内心的沮丧自然就会烟消云散。

笑对挫折才能进步得更快

挫折是每个人一生中都不可避免会经历的事情，即使是小孩子，也会遇到自己的挫折。在遭遇挫折时，不同的人有不同的态度，有的人会一蹶不振，有的人则会微笑面对。很多事实证明，那些微笑面对挫折的人更容易走向成功。这是因为他们能够冷静地对待挫折，从挫折中获得更多成功的经验，同时挫折也能激发他们想要获得成功的斗志，从而奋起直追，取得更快的进步。

春天来了，妈妈在自家的院子里忙碌起来，准备修整土地种菜。这时，乐乐也来了兴致，跑到妈妈跟前说："妈妈，今年我也想学学种菜，你能划给我一小块地吗？"

"你确定自己能种出菜吗？"

"当然！"

"那好吧，我可以答应给你一块地，不过我有言在先，如果你的菜长不出来，你可不许哭。"

乐乐很高兴地答应了。她利用课余时间修整自己的这块地，然后满怀期待地把种子种了下去。过了几天，妈妈种的菜长出了嫩嫩的绿芽，可自己的菜却迟迟没有动静。很明显，第一次种菜失败了。乐乐本想哭鼻子，可想到妈妈的话，一下子就收敛了自己的情绪，笑着说："妈妈，你帮我看看我的种子有什么问题吗？"

妈妈陪着她来到那一小块地上，挖了好几下才挖到菜籽。妈妈说："哎呀，你种得太深了，菜芽根本长不出来。"

于是乐乐开始了第二次种菜。这一次，她把菜籽种在了浅一点的土层里。很快，嫩绿色的菜芽就出土了。乐乐很高兴，每天都去给菜芽浇水。一天早晨，乐乐发现小小的菜芽全部倒伏在地。她大吃一惊，赶紧上前查看，发现菜芽的根部都黏糊糊的，已经全部断掉了。

挫败感再次袭上心头。乐乐默默地站在菜地边上，一边伤心一边思考："问题究竟出在哪里呢？"她看看自己的地，再看看妈妈的地，发现自己的地明显比妈妈的地要湿很多，这才意识到是自己浇水太多，导致根部腐烂了。

有了这两次失败的经历之后，乐乐更加坚定了要种菜成功的决心。总结了经验之后，乐乐再次把菜籽种了下去。看着小菜芽一天天茁壮成长，乐乐的心里别提有多开心了。

对于孩子来说，可能一丁点儿事情就会给他带来不小的挫败感。但挫折也是人生不可或缺的一部分，接受它就是接受成长。在孩子遭遇挫折失败后，父母要用积极、乐观、正面的态度去支持鼓励孩子。我们要告诉孩子，生活不会总是一帆风顺，也有不如意的时候，挫折是每个人生活里正常的一部分，要用一颗平常心去对待。我们要培养孩子拥有雨过天晴、冬去春来的豁达情怀，微笑面对困难和挫折。

从一年级入学开始，琳琳的学习成绩就一直很好，每次考试都是班里的第一名，这让她非常自豪。慢慢地，琳琳心中就滋生出了一些骄傲的情绪。

四年级上学期，被夸赞了一个假期的期末成绩还萦绕在琳琳的心头，让她有些飘飘然。所以，在学习上，琳琳并没有太用功，她觉得课本上的这些知识对于自己来说简直就是小菜一碟。

很快到了期中考试，这次琳琳一下子滑落到了全班第三名，有两位同学的成绩超过了她，跑到了她的前面。这个结果给了琳琳很大的打击，简直让她无法接受。这种挫败感压得她喘不过气来。从

那以后，她每天都不开心，回到家也是一副愁眉苦脸的样子，有时还会唉声叹气。更严重的是，琳琳觉得自己以后很难再考第一了，于是上课时总是分神，胡思乱想，学习成绩也因此逐渐下滑。

为了改变她的这一状况，爸爸主动找琳琳谈心。

"爸爸，我这次考试又没考好，感觉自己太失败了。"琳琳说。

"宝贝，生活里哪有什么常胜将军，遇到一点小小的挫折是在所难免的，你不能因为这一次考试没考好就放弃努力呀，是吧？"

琳琳点了点头。爸爸接着说："当你遇到挫折的时候，你必须要勇敢地面对它，然后总结经验教训，继续努力，这样你才能离成功越来越近。"

"爸爸，我知道了，以后我会好好努力的，不再骄傲了。"

当孩子在挫折面前变得不自信时，我们父母要鼓励孩子，让他们明白，挫折是每个人都会遇到的，并不是自己的能力问题。当孩子能够微笑面对挫折时，他们就能更清晰地认识自己的问题，从挫折中汲取力量，振奋精神，今后更加努力。

为了鼓励孩子能够笑对挫折，我们作为家长，更要有直面挫折的勇气。面对困难，我们不抱怨、不退缩，而是要做孩子的榜样，用实际行动告诉孩子如何面对挫折，如何才能不断地超越自我，取得更大的成功。

知晓自己为何失败，下次一定做更好

人们常说，失败是成功之母。这是因为经历过失败之后，人们会从中吸取经验教训，避免相同错误的发生，从而一步步走向成功。很多时候，当我们的孩子面临挫折、失败的时候，他们往往会陷入一种沮丧茫然的状态，单纯地认为是自己运气不好或者是其他客观原因导致了失败，这种想法使他们失去了总结教训、提升自身能力的机会。所以，为了避免上面情况的发生，当孩子遭遇挫折时，我们不仅要鼓励他们振作精神，还要教会他如何从中寻找失败的原因，明白自己为何失败，进而总结经验教训，争取下次做到更好。

东东上小学了。在幼儿园时，他每天都是快乐地玩耍，所以刚升入小学时，便觉得学习很吃力。每天晚上写作业，东东都觉得特别难，心情非常沮丧。有时候，他还会莫名其妙地发脾气。

一天晚上，东东写作业时又遇到了难题，半天磨蹭着不动，妈妈看见说："你怎么不动笔啊？"

"我不会。"

"不会就不写了吗？"

"我就不写，你别管我了，行吗？"

"不会写作业就认真思考，乱发脾气能解决问题吗？"

"我就想发脾气。"

之后，妈妈狠狠地批评了东东一顿。无奈之下，东东再次开始写自己的作业。但他一边写，一边难过，心里感到无助极了。

慢慢地，东东越来越灰心，一写作业就垂头丧气，每天都磨蹭到半夜，而妈妈则在一边不停催促，时不时还要骂上几句，但仍然无济于事。妈妈感到非常无奈，逢人就说："我家孩子写作业太磨蹭了，真是不知道怎么办才好？"

有人说："我们整个人就像冰山一样，冰山浮在水面上的部分是行为与情绪，冰山在水下的部分是我们的心理需求。"当孩子遭遇挫折发脾气时，表面上他们是在发泄自己的情绪，但实际上却是在吸引我们的关注，寻求帮助。就像案例中的东东，面对全新的学习生活他感到无助而烦恼，这时父母就应该伸出援助之手，帮助孩子正确应对挫折。

小丽在学校开始上英语课了。每天放学前，老师都会布置背诵英语课文的作业，这可愁坏了小丽。她之前并没有接触过英语，所以背起来相当吃力。

一天放学后，小丽跟着音频背了半个小时，可还是没有背会。她有些灰心了，大声地抱怨道："妈妈，英语实在是太难学了，我一点儿都不想学了。"

妈妈并没有在意小丽所遭受的挫败感，只是随口说："没关系的，一晚上时间很长，肯定能背会。"

　　妈妈的话一下刺激到了小丽，小丽带着哭腔说："一晚上？我不背了，我永远都背不会。"

　　"不背怎么办呀？"

　　"大不了我不学英语，不去学校了。"

　　看到小丽的心情如此沮丧，妈妈这才认真起来，安慰说："妈妈知道刚学英语一定会觉得很难，不过我相信咱们一定能够克服困难，把英语成绩提上来。"

得到了妈妈的安慰以后，小丽渐渐地平静了下来。妈妈又跟她一起分析了背不会的原因。妈妈觉得，小丽之所以始终背不会，是因为对课文不熟悉，背之前必须把课文读得十分顺畅才行。

找到了原因之后，小丽便不着急背诵了，而是反复地朗读课文。等读得十分顺畅之后，她合上书，很自然地将课文背了出来。

小丽高兴极了，她觉得是挫折让她取得了进步。

通常情况下，孩子遭遇挫折时，心情都会很沮丧，他可能会对自己失去信心，也可能烦躁不安、乱发脾气。挫折并不可怕，可怕的是没有跌倒后再爬起来的勇气。情绪沮丧也并不可怕，可怕的是一直沉浸在负面情绪里走不出来。作为父母，要懂得体谅孩子的心情，不仅不能训斥、责备，还要用恰当的方式去鼓励，让孩子冷静地面对挫折，进而战胜挫折。

挫折是财富，能精准提升自己的短板

生活中，几乎所有的人都希望自己的人生一帆风顺，但是几乎没有人能够真正一生顺遂，不经历任何挫折。事实上，人的一生之所以精彩，就是因为有成功、有挫折，跌宕起伏。倘若人的一生平淡如水，或许也就会黯然失色。

　　一般来说，挫折会让人变得更坚强、更勇敢、更成熟，所以它是我们的财富。只有在遭遇挫折之后，我们才能认清自己到底在哪些方面有所欠缺，从而不断地提升自己。而教育孩子，也是同样的道理。当孩子遭遇挫折时，也正是孩子获得成长的关键时期。在这个时候，我们教会孩子如何正确面对挫折，他们的抗挫折能力才能相应提高，从而变得越来越优秀。

　　刚上小学时，小明和小新都是不太擅长交朋友的孩子，可现在他们之间却有了非常大的差别。小明有了很多朋友，是一个很受大家喜欢的孩子；而小新仍然孤身一人，没有人愿意跟他交朋友。这是为什么呢？原因就在于面对交友挫折时，他们采取了不同的态度。

　　开学第一天，小明主动去交朋友，可是同学们却好像有点不喜欢他，不愿意跟他玩，这让他感到非常懊恼。回家之后，他郁闷地把这件事情告诉了爸爸。爸爸说："大家为什么不跟你玩呢？你是怎么做的呢？"

　　"我没说什么，就是拉他们的手想一起玩，但他们就直接甩开了。"

　　"不说话怎么能行呢？你直接拉人家的手是很不礼貌的行为。你应该先打招呼，然后再表达自己的交友意向，当别人了解你的想法以后，就不会排斥你了。"

　　第二天，小明按照爸爸的建议去交朋友，果然有人同样礼貌地回应了他，这让他很高兴。慢慢地，他尝试用各种方法去交朋友，大家都很喜欢他。

小新上学的第一天也遭遇了交友的挫折。放学之后，他心情低落地告诉妈妈："妈妈，我今天没有交到朋友。"

"为什么呢？"

"我拉住一个小朋友的手，想跟他一起玩，可是他却用力甩开了我的手。"

"是吗？那这个小朋友可有点儿不懂礼貌了。"

"可是我接下来该怎么办呢？"

"他不跟你玩，咱还不跟他玩呢。千万别难过啊，班里还有那么多同学呢！"

第二天放学回来，小新又是一脸不开心："妈妈，他们今天还是不跟我玩。"

"为什么呢？"

"我跟一个同学说：'你过来，咱俩一起玩吧。'那个同学就好像没听见一样。气死我了！"

"他不愿意跟你玩，你就再找别人玩好了。"

后来，小新总是觉得同学有这样那样的问题，而他自己却从来看不到自己的问题，所以他总是交不到朋友，自己感到格外孤独。

通常情况下，孩子如何看待挫折，在很大程度上受到父母的影响。父母是孩子的第一任老师，如果父母面对困难或挫折时都不够勇敢，更不能坦然面对，那么当孩子遭遇困难和挫折时，同样也会感到懊恼和沮丧。在如何对待挫折方面，父母要做好孩子的榜样。

　　岚岚的爸爸经营着一家公司，生意非常红火，总有许多人前来寻求合作。但是，这样一个实力雄厚、福利很好的公司，却总也留不住员工，人员流动非常大，几乎每天都有人入职、离职。

　　一次，公司接到了一单大生意，急需大量人手，可正巧这段时间很多员工离职。眼看合同要到期了，可产品的生产量却远远达不到预定的要求，即使剩下的员工再努力，也无法如期完成。这单生意，最终让岚岚的爸爸赔了一大笔违约金。这是他做生意以来遭遇的最大挫折。

岚岚和妈妈本以为爸爸会因此而心情沮丧，可爸爸却跟没事儿人似的，这让岚岚很费解。晚上，她走到爸爸跟前，问道："爸爸，我听妈妈说，你的公司没有按时交货，赔钱了？"

　　"是的。不按合同办事，就得赔钱。"

　　"那你是不是很难过呢？"

　　"赔钱了肯定心里不舒服，不过爸爸并没有沮丧，反而觉得挫折是一种财富。如果不是这次的事情，爸爸可能还一直注意不到公司的员工制度存在问题，自己在人事管理方面也存在短板，说不定以后还会出更大的问题。现在我已经完善了公司制度，类似的问题以后就不会再出现了。"

　　看着爸爸如此乐观积极，岚岚不由得朝爸爸竖起了大拇指。爸爸又对岚岚说："挫折并不可怕，它就像一个纸老虎，你勇敢地面对它，它就害怕了。"

　　岚岚说："爸爸，我知道了，以后我也不会被挫折打倒的。"

　　孩子处于成长阶段，正是习惯和认知快速形成的时期。我们要想让自己的孩子能够变得越来越优秀，就要教会他将每一次挫折都看成是一笔财富，通过挫折让他认识到自己的欠缺和不足，然后有针对性地提升自己的能力，从而让自己变得越来越优秀。父母应当用正确的应对方式对孩子进行挫折教育，确保孩子不会错过每一次成长的机会。

吃过挫折的苦，心中才会更踏实

　　孩子是父母手心里的宝，平时生活安逸，衣食无忧，很容易养成贪图享受、害怕吃苦的心理。尤其是那些被父母照顾得无微不至、事事包办的孩子，对父母有很强的依赖心理。通常来说，孩子的依赖性越高，心理承受能力就会越低，越难以承受挫折。这样的孩子走上社会之后，心中或多或少会有一些惴惴不安。因为他们害怕遭遇挫折，不敢按照自己的想法勇敢地向前走。相反，那些经历过挫折的孩子，他们更有勇气面对挫折并解决问题，内心会更加踏实。

　　萌萌的妈妈非常溺爱孩子，也非常强势。萌萌从小什么事情都不用自己操心，每天早上吃什么、穿什么都是妈妈安排好的，就连自己交朋友这件事妈妈也要干涉。妈妈总说"那个小朋友喜欢打人，不能跟她玩。""那个小朋友的妈妈很厉害，你还是离她远一点好。"另外，她总会安排萌萌跟自己看好的孩子去玩："萌萌，今天我带你去跟同事的孩子玩，她很早就念叨你呢。""我觉得小区的那个女孩温柔，懂礼貌，你可以跟她去玩。"……

　　慢慢地，萌萌没有了自己的主见，也没有了自己的想法，妈妈安排好的朋友都很好，所以在交友方面，萌萌从来就没有尝到过苦头。

后来，萌萌上中学了，学校离家远，妈妈的照顾也无法再面面俱到。面对独自交友的问题，她的内心非常胆怯，担心别人会不会愿意跟自己成为朋友，可是她太需要朋友了。一次，她鼓起勇气对宿舍里的一个同学说："你今天要去哪儿玩呀？能带上我吗？"

"不好意思，我跟小学同学约好出去玩的，估计没办法带你。"

这句拒绝的话对萌萌来说就是一个巨大的打击，就如一声惊雷在她的头顶炸开，"天哪，我第一次主动尝试交友，居然失败了，我该怎么做呢？"她的心里很不安，心想自己再也不会去主动交朋友了。

孩子必须经过不断的历练，才能形成坚强勇敢、不畏困难的性格。这些性格对其未来的发展有着很重要的作用。毕竟以后孩子会脱离父母，独立走向社会，到那时，没有人会像父母一样去呵护他、温柔地对待他。因此，孩子需要去一一面对和适应。如果孩子从小没有培养出勇于面对挫折的良好性格，那么在遭遇挫折时，他很可能就会一蹶不振。相反，如果孩子经历过挫折的磨炼，他就会坦然很多，心中也会踏实很多。

一次月考中，语文作文题目要求写一篇关于写景的作文。亮亮平时很少看这一类型的书，所以一时间大脑一片空白，他努力思考了半天，才勉强写出两行字来。眼看交卷的时间就要到了，他急得就像热锅上的蚂蚁，心想："这下可完了。"

下课铃响了，老师毫不留情地收走了试卷，只留下亮亮呆呆地坐在那里，满脑子都是那两行文字。很快，语文考试成绩公布了，亮亮的作文几乎没有得分，语文考试成绩也出奇得差。从上学以来，亮亮还没有考过这样的低分。这对他来说，简直就是一个巨大的打击，像一块巨石一样向他压过来。

每每想到这次语文考试成绩，亮亮总有些不敢面对。可爸爸妈妈总是鼓励他说："你要牢牢记住这次的教训，分析成绩差的原因，哪里不足补哪里，然后不断地去激励自己。这样你就会越来越进步。"

听了爸爸妈妈的话，亮亮开始认真读书，不断增加自己的课外阅读量，从而积累了很多知识。从那以后，他再也不担心写作文时没有素材了。

　　像案例中的亮亮，考场上作文的失利对他而言是一个不小的挫折。如果他不敢直面自己存在的问题，那么以后肯定还会遭遇同样的挫折。然而，在父母的引导下，他懂得了通过增加阅读量来提升自己的写作水平，那么在以后的考试中，亮亮就不会再害怕写作文了。

　　养育孩子时，我们要做温柔的父母。但在必要时，一定要让孩子独自去面对挫折，让他们尝一尝挫折的苦，这样，他们才会更加努力地提升自己，踏踏实实地向前发展。遇到问题时，他们学会兵来将挡、水来土掩，将困难挫折一个个解决掉。

第五章

理性面对，挫折让孩子更快地成长

　　"塞翁失马，焉知非福。"任何问题都要一分为二地看待。挫折也是这样，它在给孩子带来痛苦、烦恼和失落的同时，也能给孩子带来经验教训。只有引导孩子认真分析造成挫折的原因，总结经验和教训，孩子才能不断地提升自己的能力，增强自己战胜困难的勇气和信心。在经历挫折之后，孩子也能更快地成长。所以在日常生活中，作为家长，我们要教育孩子理性看待挫折，并在应对挫折的过程中促使孩子获得相应的成长。

挫折是孩子成长的催化剂

"宝剑锋从磨砺出，梅花香自苦寒来。"只有经历了挫折和磨炼，人才能取得一番成就，才能体会到成功的喜悦。在成长之路上，孩子经历一定的挫折，对于他而言，并非全无益处。当然，挫折所带来的痛苦也会给孩子造成一定的影响。在这个时候，家长一定要用积极的态度去鼓励孩子，让他勇敢地面对挫折，从中吸取经验和教训，进而提升自己的能力，变得愈发强大。

凡凡是一个能说会道的小女孩。自上小学以来，她的语文成绩一向不错，可数学成绩却不尽如人意。她不喜欢那一串串的数字，更不喜欢应用题，甚至一看见应用题就感到烦躁。

二年级上学期的期中考试，凡凡有两道数学应用题都做错了。这让凡凡的内心有了巨大的挫败感。看到和同学们相差甚远的数学成绩，她对自己能否学好数学这门课程更没有信心了。

妈妈对凡凡的表现感到非常吃惊，她一直觉得，二年级的应用题对女儿来说太简单了，女儿完全可以自己学好。所以，她一直也没有太在意这个问题。

有一天，凡凡在写作业时，只见她自言自语地说："唉，又是应用题。"过了一会儿，她就开始抓耳挠腮，乱发脾气。

妈妈看见了，走到凡凡跟前，问道："怎么了，凡凡？"

"妈妈，我一点都不想学数学了，应用题我完全不会做。"

"怎么就不会呢？你好好读题了吗？"

"读了，就是不会，一看见应用题我就头疼，就不想做了。"

"不做怎么能行呢？这才遇到一点点挫折你就想要放弃了，那以后的知识越来越难，你怎么办呢？"

凡凡无言以对，又默默地看向了题目。妈妈又说："学习上遇到挫折，你就要想方设法去战胜它。你不会做应用题，是你真的看不懂？还是因为你一见到应用题就犯怵，根本不想去看？现在妈妈陪着你，你好好读两遍题，再试着做一做。"

凡凡按照妈妈的话又读了一遍，立刻说道："妈妈，还是不会！"

"妈妈说的是两遍，你再读一遍！"凡凡又认真读了一遍，好像有一点思路了，接着，她又认认真真地读了一遍，最后总算把题目做出来了。

凡凡心中突然涌起一种成就感，感到很开心。没想到自己竟然也可以做对这几道应用题，看来自己以前把问题想得太复杂了，还没有尝试就先放弃了。

看着凡凡高兴的样子，妈妈说："挫折就像你学习道路上的大老虎，你怕它，就前进不了。但如果你把它打倒，你就可以快速前进了。"

当孩子在学习、生活中遭遇挫折时，我们要告诉孩子，人生的道路很漫长，现在才刚刚起步，所以我们要在挫折中总结经验教训，通过克服挫折来不断磨炼自己，使自己未来的路能够越走越平稳。在不断的跌倒和前进中，我们才能品味到更具价值的人生。

最近一段时间，小区里的很多孩子都在跳绳。这让小宇非常郁闷，因为他的身体协调性不好，他不太会跳绳。因此，小宇也很难融入其他小朋友中，显得有点儿格格不入。

有好几次，小宇走上前想跟大家一起玩。有小朋友就问他："你会跳绳吗？"

"我不会。"

"哦，那我们组不能要你，会给我们拉分的。"

就这样，小宇接二连三地被拒绝，心情沮丧极了。但是，为了能和小朋友玩到一起，小宇决定练习跳绳。他跳了一遍又一遍，不是跳不过去就是绳子绊到了腿，怎么也学不会。他苦恼极了，灰心丧气，就想要放弃了。

一天，小宇再次垂头丧气地回到家。爸爸心疼地问道："你怎么了？看上去一副不开心的样子。"

"因为我不会跳绳，大家都不愿意跟我玩。我想学跳绳，但怎么也学不会。"

"学不会就不学了，不会跳绳也不是什么大问题，何必这么为难自己呢？"爸爸说道。

听了爸爸的话，小宇的心情更加沮丧了。从第二天起，他再也不碰跳绳了。

生活中，我们经常给孩子贴标签，"学不会就别学了""你就不是学习的料"……听到这些话，孩子会产生更重的心理负担，情绪会更加低落，自然会对身心健康产生较大的负面影响。

所以，当孩子遭遇挫折时，我们应当告诉孩子失败是有价值的，它能够促进成功。我们要安慰孩子，"没关系，我们可以再试一次""妈妈看到你已经很努力了，结果没有那么重要。"这样，孩子就能坦然地面对挫折，从而快速成长。

遇到困难不抱怨，解决问题是关键

生活中，我们的身边不乏充满负能量的人，他们在遇到挫折之后，首先想到的不是如何解决问题，也不是如何让自己尽快摆脱挫败感，而是不断地抱怨，将自己的负面情绪最大化，并试图让身边的每一个人都知道他们遭遇了挫折。

这样的人不仅自己是生活的失败者，同时也会给身边的人带来压抑的情绪。作为父母，我们肯定不愿意自己的孩子成为这样的人。所以，当孩子遇到挫折时，我们不仅要告诉孩子不要做毫无意义的抱怨，而且要告诉孩子应该如何正确地面对挫折、解决问题。

暑假里的一天，妈妈拿着一张报名表，兴高采烈地回到家。一进门就走到雷雷跟前，说道："你看这是什么，有兴趣参加吗？"

雷雷一看，原来是一个校外机构举办的亲子野外比赛，获胜者还能获得丰厚的奖品。想到这是一个难得的出去玩的机会，雷雷兴奋地说："我愿意参加，妈妈，赶紧报名吧。"

"那咱们可要说好啊，不管比赛结果如何，你都要开开心心地，行吗？"

"没问题。"

比赛那天，参赛的人非常多，比赛也非常激烈。刚开始的几个环节都还顺利，但到了"障碍接力赛"环节，雷雷因体力不支，落后了其他人一大截。等他把接力棒交到妈妈手里时，别的参赛者已经完成了这个环节。因为这一环节的落后，雷雷和妈妈最终只获得了最后一名。

雷雷一时接受不了这个结果，伤心地大哭起来，冲着妈妈就嚷嚷起来："都怪你，非要参加什么比赛，现在得了最后一名。"

"要参加比赛是你同意的呀，你现在怎么能怨妈妈呢？"

"那比赛环境这么差，根本就发挥不出正常的水平嘛。"

"宝贝，不要抱怨了好吗？你应该从自己身上找找原因，你想想是不是自己平时缺乏锻炼，才会跟其他人拉开很大的距离？这次失败了不要紧，重要的是你要总结经验教训，下次争取做得更好。"

"我回去一定要好好锻炼，争取下次拿第一名。"

"这就对了嘛。面对挫折，不要抱怨，而要找到问题，解决问题，这样你才能更好地成长。"

雷雷用力地点点头，不再说什么了。

孩子遭遇挫折时，很多时候无法冷静思考，可能会有一些抱怨，这都情有可原。我们作为父母，在这个时候必须引导孩子，告诉他抱怨解决不了任何问题，只有积极主动地去想办法，才能战胜挫折，再次赢得成功的机会。

校园运动会还有几天就要举行了，同学们一个个都非常兴奋。

晚上回到家，小旭把这一消息告诉了妈妈："我们马上就要开校园运动会了，妈妈，你得给我买双新鞋，我准备报 800 米长跑呢。"

"800 米？你平时都不怎么锻炼，能跑下来吗？"

"怎么不能？我肯定能跑下来。"

"好在还有一个星期才比赛，这几天你可以去练习一下。"

"不用，我平时的活动量就够了。"

之后的几天里，不管妈妈怎么说，小旭就是不去练习跑步。结果比赛那天，小旭刚跑了两圈就累得上气不接下气，实在是跑不动了，眼看着其他同学遥遥领先，自己却无能为力。最后只能勉强坚持完

成比赛，却未能获得任何奖项。

这个比赛结果给了一向自信的小旭很大的打击。回到家后，懊恼的他一顿乱发脾气。妈妈说："没得奖就没得嘛，重在参与，不要不开心了。"

"还不是那双鞋子不合脚，磨得我的脚一点都不舒服，这才跑不快的。再说你看看其他同学，人家都是练体育的，我怎么能跑得过呢？"

"儿子，失败就失败了，你得直面问题，不要一味地抱怨，好吗？你只要好好练习，就一定能取得成功。总是找其他原因来掩饰自己的不努力，你怎么能超越自己呢？"

在妈妈的教导之后，小旭鼓起了勇气。这一次，他决定战胜自己，每天去锻炼，争取在明年的运动会上取得好成绩。

在日常生活中，许多孩子遇到困难时，往往会怨天怨地，甚至想放弃。其实，这是孩子抗挫能力较弱的表现。那么，怎样才能让孩子在遇到挫折时不抱怨呢？

首先，父母应当鼓励孩子。当孩子出现抱怨情绪的时候，父母要试着去鼓励孩子，让他们自己独立思考，学会寻找解决问题的方法，并让孩子知道，父母永远是他们坚实的后盾。其次，要对症下药，帮孩子理清思路。任何事情都具有两面性，父母要引导孩子正确看待挫折。只有找出问题所在，才能对症下药，及时根治。

孩子在成长的道路上会遇到很多问题，不同的教育方式会产生不一样的教育效果。所以，我们更应该教会孩子积极乐观地去面对人生难题，而不是沉溺于抱怨的负面情绪当中，斤斤计较。

主动跟陌生人交流，大不了被拒绝

　　我们经常听到有家长抱怨，说自己的孩子胆小，不敢与陌生人交流，即使对方是朋友的孩子，他们也不敢主动上前沟通。

　　当前，孩子不敢与陌生人交流是一种非常普遍的现象。原因可能与孩子平常接触的人少、交流机会少有关。然而，我们每个人都是社会的一分子，与他人交流是孩子必须要掌握的基本技能。如果孩子总是不敢去和陌生人交流，这可能会给他自己的发展造成阻碍。所以，当我们的孩子不敢跟陌生人交流时，我们要给予他们鼓励，让他们明白，哪怕被拒绝也不能错失交友的机会。

　　星期天，妈妈带着浩浩参加同学聚会。聚会上，其他同学也带着自己家的孩子，所以小朋友非常多。大家在宽阔的厅堂里嬉戏玩耍，只有浩浩怯生生地躲在妈妈身后。看着孤单落寞的浩浩，妈妈对他说："浩浩，你也去跟小朋友们一起玩吧，自己待在这里多无聊啊。"

　　"可我不认识他们。"

　　"你试着上前跟他们打招呼，一起玩一会儿，自然就认识了。"

　　"可是我不敢，万一他们不想跟我玩怎么办？"

　　"不就是被拒绝吗，没什么大不了的。去吧。"

　　听了妈妈的话，浩浩慢吞吞地向前挪步，走到了小朋友们中间。可是他只是站在那里，一句话也不说。其他小朋友光顾着玩，谁也没有注意到他。这时，妈妈又鼓励他说："你要先去跟别人交流，这样大家才能注意到你。"

　　在妈妈的鼓励下，浩浩终于鼓起勇气走到一个小朋友的面前，主动打了招呼，对方也热情地回应了他。很快，浩浩就和小朋友们玩到一起了。

　　回家路上，妈妈问他："你今天玩得开心吗？"

　　"开心。"

　　"主动交朋友的感觉是不是很好啊？"

　　"是挺好的，我就是害怕被拒绝。"

　　"被拒绝了又能怎么样呢？如果不主动去交流，那可能就错失了交朋友的机会，这样的损失才是更大的呀。"

后来，浩浩慢慢地敢跟陌生人交流了。他觉得妈妈说得对，如果不表达自己交友的渴望，可能就真的交不到朋友。

当然，我们在教导孩子与陌生人交流的同时，还要告诉孩子要有选择性地去交友。有些人并不适合做朋友，与他们主动沟通可能会给孩子增添无限的挫败感，伤害孩子的心灵，因此要让孩子远离这样的人。我们要让孩子知道，跟陌生人沟通、交友，必须建立在平等、尊重的基础上，这样可以让他尽可能地避免遭遇不必要的挫折。

周末上午，天气晴朗，小蕊缠着妈妈陪她去小区里玩一会儿。妈妈正好有空，就答应了。

小区里的小朋友真多。在一个小沙堆边，有两个小女孩玩得很起劲儿。小蕊一直站在那里盯着看，妈妈问："你也想跟她们去玩吗？"小蕊点点头。

"那你去吧。"

"可是——可是——我也不认识她们啊。"

"没事儿的，你主动去打招呼，看看她们会不会跟你一起玩。"

只见，小蕊朝她们走了过去，没一会儿就苦着脸走了回来，说："她们不跟我玩。"

"为什么？"

"不知道，那个高个子女孩只说不行。"

"那你再过去试试，现在就看你的沟通能力了。"妈妈鼓励说。

过了一会儿，小蕊又伤心地走了回来，说："妈妈，那个高个子女孩说：'我们才不跟你玩呢！'"

"这个孩子真不友好，那咱就不去玩了。"

"妈妈，我再去试试行吗？"

"还是别去了，一个不懂得尊重别人的孩子，是不值得交往的。我们交朋友要交善良、热心的朋友，知道吗？"

"知道了，那还是妈妈陪我玩吧。"

跟陌生人交流被拒绝再正常不过了，因为每一个人都有最基本的自我保护意识。当孩子被拒绝时，我们要告诉他这是人际交往中的一个常态，让孩子坦然地接受这一事实，并且不断改善自己的交友方式，以便让更多的人喜欢和自己做朋友。

同时，我们也要告诉孩子交友的边界，什么样的人值得相处，什么样的人要敬而远之，让孩子形成自己的判断。这样，孩子就能游刃有余地把握自己交友的尺度，交到志同道合的好朋友了。

与同学有误会，要大方去沟通

人与人相处产生误会在所难免，孩子的世界也是如此。可与成年人不同的是，当孩子之间产生误会之后，他们往往不能理性地进行分析，甚至会因为一句"我再也不和你玩了"就认为一段友情结束了，从而内心产生巨大的挫败感。

很多孩子在被误解时，往往会非常生气，甚至恼羞成怒，发誓再也不跟那位同学来往；或者有的孩子会躲在角落里暗自神伤。这些负面情绪对孩子的成长极为不利。长此以往，孩子会因为误会而在交友问题上变得小心翼翼，甚至不敢跟同学有过多的接触和交流。

星星和成成是好朋友，也是同班同学，他们每天放学后一起回家。

一天，星星有些难过地对成成说："我爸爸妈妈吵架，说他们要离婚，我心里好难受，我好害怕他们真的离婚了。"

"他们应该就是吵架说说而已，应该不会是真的，你别难过了。"成成安慰道。

"你是我的好朋友，所以我跟你说这些，你别告诉别人啊，要不他们会笑话我的。"

"好的，我对谁都不说。"

但是第二天刚一到学校，星星就被老师叫走了。回来之后，星星怒气冲冲地瞪了成成一眼，什么话都没说。这让成成有点摸不着头脑，不知道到底发生了什么事情。放学回家时，星星径直向前走，成成快速地追上了他，问道："你今天怎么了？"

"怎么了？你不知道吗？我们家的事情只有你一个人知道，今天老师就知道了。"

"老师怎么知道的？不是我告密的。"

"除了你还能有谁？你别再装了，咱俩的朋友关系到此为止了，我不喜欢你这种出卖朋友的人。"

"我真的没有，你怎么就不相信我呢？"

从那以后，星星再也不理成成了。成成因为这件事情很受打击，整天躲在房间里暗自神伤。他觉得友情实在是太脆弱了，对交朋友也失去了信心。

慢慢地，妈妈发现成成的性格变得越来越孤僻，无论妈妈怎样鼓励他，他都不愿出去跟别人玩。追问之下，成成才跟妈妈说了被误解的事情。妈妈听完，说："遭遇误解时，你应该积极地去面对，跟好朋友说明白。自己这样独自伤心，根本无济于事……"

终于，在妈妈的鼓励下，成成跟星星进行了沟通，而星星也承认是自己错怪了成成，原来老师是通过妈妈知道这件事的。误会解开了，成成又变得开朗、乐观起来。

我们身为父母，虽然不能代替孩子去交友，但是可以正确引导孩子如何解决与同学之间的问题。当孩子与同学因为误会产生隔阂时，我们要鼓励孩子去主动沟通。误会有时很容易化解，只要肯迈出解释的第一步，误会也就土崩瓦解了。

畅畅和小杨是一对形影不离的好朋友，他们一起上学，一起玩耍，可以说亲密无间。然而，最近她们两个人却互相不理睬对方了。

事情是这样的：那天上完数学课，大家都忙着写作业。畅畅数学学得好，很快就完成了作业。而小杨有一道题不会做，为了能够早点儿去玩，她就要来畅畅的作业本打算抄上。

不巧的是，小杨抄作业的事情被身后的同学发现了，这名同学

还把这件事情报告给了数学老师。于是，畅畅和小杨都被叫到了办公室，被老师狠狠地批评了一顿。

畅畅觉得自己是被小杨连累的，心中非常委屈，于是伤心地哭了起来。她原本以为小杨会安慰自己，但没想到的是，小杨居然抱怨说："如果当时你不让我抄题，咱俩也不会发生这事了。"

就这样，两个人你一句我一句地吵了起来，互相表示以后再也不是好朋友了。

过了几天，畅畅的妈妈发现小杨不来家里玩了，心中疑惑，便向畅畅询问原因。畅畅于是就把两个人因为抄作业而决裂的事情说了出来。

妈妈听完，反问畅畅："你一直都在说小杨的不是，可是你自己有没有错呢？"

"我有什么错呢？又不是我主动让她抄的。"

"你们是好朋友，小杨有不会做的题时，你作为朋友就应该给她讲题，而不是纵容她去抄作业。如果你真的尽到了一个朋友的责任，还能被老师批评吗？"

"那她事后也不应该埋怨我呀。"

"好朋友怎么可以这样斤斤计较呢，真正的朋友应该互相宽容和理解。"

　　在妈妈的开导下，畅畅想通了，于是主动给小杨道了歉。小杨也表达了自己的悔意，最后二人重归于好了。

　　孩子的心智还不成熟，所以在与同学交往的过程中，发生的误会也会很多。就像畅畅和小杨一样，因为抄作业而被老师批评这样的事情，也会导致两个人之间发生误会，甚至影响到了两个人的友谊。

　　当孩子与同学发生误会的时候，作为家长，我们要鼓励孩子及时与同学进行沟通，寻求和解的方法。如果沟通顺畅，不仅能够维持同学之间的情谊，还能够让孩子积累解决朋友间误会的经验。这样，在以后甚至是成年之后，孩子再遇到类似的问题，也能从容应对了。

第六章

克服困难，才能获得成长

　　人生路漫漫，总会遇到各种各样的困难。在面对这些困难时，你是选择迎难而上还是退缩不前，这将直接决定你人生所能到达的高度。人们常说，困难让一个人成长，的确如此。就像蚕宝宝历经千辛万苦终于化身为美丽的蝴蝶一样，如果它在化蝶的过程中没有克服困难的勇气，那么便不会有最后一刻的美丽。孩子也是一样的，唯有经历风雨，才能真正地成长。

阳光心态让孩子及时止损

孩子在成长的过程中，总会遇到各种各样的难题。这时，如果孩子拥有一个积极、阳光的心态，他总会让自己的处境慢慢变好。就像是坚强的小草，无论什么时候都始终在向上生长；也像是沙漠中的胡杨树，无论多么恶劣的环境都可以根植在那里。

小丽是个性格开朗的女孩，她遇事从来不慌，总是能想出各种办法解决遇到的问题。更可贵的是，她思维很灵活，不会一条道走到黑。

周末的时候，小丽跟着爸爸妈妈去郊外旅游。他们的计划是到凤凰山爬山，但是走到半路的时候，一条大河挡住了他们的去路。爸爸下车查看了一下，河水湍急，汽车过去会有危险。

"记得之前没有这条河啊！"爸爸有些奇怪地说。

这时，过来一位农民伯伯，爸爸走过去询问。农民伯伯说这里原来是一条干河道，已经很多年没有流过水了，今年雨水多，从山上流下的水就汇聚到了这里，这条河便重新有水了。农民伯伯还说，村里计划在枯水期的时候修座桥，但目前汽车是过不去了。

爸爸上车后，把情况告诉了小丽和妈妈，一家人都感到有些沮丧。但是，小丽只难过了一小会儿，就调整了自己的情绪。她笑着对爸爸妈妈说："反正咱们出来玩就是为了一家人开心嘛，不一定非要去凤凰山。这条路走不通，咱们可以去别的地方啊。我听同学说，凤凰山附近有一家采摘农场，可有意思了，不如咱们去那里吧，不用过河就能到。"

听了小丽的建议，爸爸妈妈欣然同意。然后他们一家人便开车去农场采摘，度过了一个快乐的周末。

让孩子保持阳光、积极的心态，遇到挫折的时候他能够及时调整自己的状态和方向，及时止损。人生有时候就是这样，当你面对困境的时候，要用阳光的心态去面对，不要陷入沮丧或固执己见的负面情绪中，要学会灵活处理。作为父母，我们要教会孩子什么时候需要坚持，什么时候需要绕道而行。如果面对挫折固执己见而不知道及时止损，反而一直消耗自己，那是不可取的。

小峰和小兵是好朋友，他们住在同一个小区，而且是同班同学。一年级下学期，学校足球队开始招收新队员。小峰从小就喜欢足球，从幼儿园开始就跟着爸爸看球赛，对于球星的名字更是了如指掌。他很渴望能像那些球星一样驰骋赛场，所以这次校足球队招新队员的消息可把他高兴坏了，他毫不犹豫地报了名。而作为好朋友的小兵，看小峰报名了，也跟着报了名。但小兵对足球其实没有多少兴趣，他报名完全是凑热闹。

就这样，两人跟着球队训练了一个月。在教练眼中，小峰学什么会什么，而且体能也好，跑起来像一头小猎豹。而小兵就不一样了，不经常锻炼的他，跑几步就累得气喘吁吁，最关键的是他不喜欢踢球，他更喜欢看书，在家里的大部分时间都是在看书，尤其是各种漫画绘本，那才是他的最爱。

一天晚上，小兵跟妈妈说他不想参加足球训练了，想退出。因为他觉得踢球自己一点也不快乐，跟不上其他伙伴的节奏，同时自己也不喜欢这项运动。其实，妈妈是希望小兵能坚持一下，她不想儿子轻易放弃。但是，听了小兵的理由后，她觉得应该尊重儿子的决定，如果孩子不开心，即使坚持也没有意义。

在孩子成长的过程中，最关键的是要培养孩子拥有阳光的心态，使他们在面对挫折的时候能够乐观面对。正如教育学界普遍认为的那样，一个阳光快乐的孩子是一个能自主的孩子，他有能力应对生活中的各种困难，也能在社会中找到自己的位置。像案例中的小兵，当发现自己不适合踢球时，他能够勇敢地面对现实，及时跟妈妈讲出自己的想法。而妈妈也没有强迫孩子，而是尊重了孩子的决定。

在这样的家庭氛围中，孩子可以根据自己的内心真实想法来决定自己要做什么，这样孩子所做的事情都是他们内心愿意去做的。这样的教育方式就能让孩子保持一颗阳光的心态，让他们勇敢地舍弃掉那些不适合自己的东西，进而选择更加适合自己的成长道路。

克服困难才能获得成长

人生路漫漫，总是会遇到各种各样的困难。在面对这些困难时，你是选择迎难而上还是退缩不前，将直接决定你人生所能达到的高度。人们常说，困难能让一个人成长，的确如此，就像毛毛虫历经千辛万苦终于化身为美丽的蝴蝶一样。如果它在化蝶的过程中没有克服困难的勇气，那么便不会有最后一刻的美丽。孩子也是一样的，唯有经历风雨，才能真正地成长。

　　小刚曾经有一个幸福的家，爸爸事业有成，妈妈也无微不至地照顾着他。但是后来，爸爸生意的失败彻底改变了小刚的生活。

　　在他上初二那年，爸爸的公司破产了。小刚虽然不懂得爸爸生意上的那些事，但是他知道从此以后爸爸不再是人人羡慕的成功人士，妈妈也不再每日打扮得光鲜亮丽。爸爸和妈妈在市场租了一个摊位，重新开始打拼。

　　小刚最直接的感受就是爸爸妈妈陪自己的时间少了，同时自己的零花钱也少了很多。以前，小刚在学校里可以说是"朋友遍天下"。但自从小刚的爸爸生意发生变故后，小刚突然发现自己不过是个"纨绔子弟"，学习一塌糊涂，真心朋友一个也没有交下。曾经的那些"好兄弟"见小刚再也拿不出钱，也都疏远了他。这让小刚伤心难过的同时，也觉得对不起爸爸妈妈。看着起早贪黑努力工作的爸爸妈妈，小刚忽然间"开窍"了，他觉得自己不能再这样浑浑噩噩下去了。虽然自己现在还是学生，帮不了爸爸妈妈，但可以通过取得好成绩来回报爸爸妈妈。

　　在这样的想法驱使下，小刚开始认真学习，每天都十分努力。每当他感到松懈的时候，就会想起爸爸妈妈，认为既然爸爸妈妈可以克服困难从头再来，自己也可以。

　　到后来，在爸爸妈妈的努力下，生意重新兴旺起来，小刚的家境也逐渐恢复了。同时，小刚的学习成绩也发生了巨大的变化，连老师都感到十分惊讶。只有小刚自己明白，他经历了什么，他庆幸自己没有被困难压垮，也感谢这些困难给了自己努力的机会。

　　小刚既是努力的，也是幸运的。倘若他在家庭出现变故时，没能振作起来，而是一味地颓废消沉，那他可能就会在自暴自弃中度过自己的人生，成为一个彻底的失败者。然而，并不是每一个孩子都能像小刚这样迷途知返，很多孩子在困难面前会感到不知所措，不知道自己该如何应对，这可能会让他们的成长道路偏离正确的方向。这个时候，孩子需要家长的帮助。父母在这个时候要及时给予孩子正确的引导，告诉他们应该如何正确面对眼前的困难。

　　小芳的成绩在班里不算差也不算优秀，每次考试，她总是在前十名上下徘徊。稍加努力，她的成绩就能进入班级的前十名，而一旦稍有松懈，排名就会滑落到前二十名上下。老师对小芳成绩的波动很是烦恼，认为小芳头脑聪明，对新知识的接受能力强，唯一的不足之处就是懒惰、拖沓，作业做得总是很潦草。老师每次批评后，她的作业能够工整几天，但过不了多长时间，就又变成原样了。老师曾就这个问题跟小芳的妈妈谈过，但效果并不是很理想。

　　原来，小芳的妈妈认为孩子刚上小学，不用对孩子在学习上过于苛求。她还认为，孩子那么聪明，只要稍加努力就能赶上来。所以在家里，妈妈并没有为小芳营造一个良好的学习氛围，而是由着小芳的性子来。

　　小芳觉得妈妈并不重视她的学习，于是变得更加松懈了。她觉得写作业太累了，就采用撒谎的方式来欺骗老师。结果到期末考试的时候，小芳的成绩一下子下滑到班级四十多名。妈妈这下真着急了，问小芳："闺女，题目这么简单，你怎么错了这么多呢？你不是都会做吗？"

　　小芳有些不好意思地说："妈妈，这些题目我真的不会做，老师在课堂上讲的时候我觉得我会了，但是考试的时候我才发现，其实不是我想的那样，如果当时我多做些练习题就好了。"

　　看着女儿的表现，妈妈后悔了，自己真是不该如此放纵女儿。

人人都会遇到困难，唯有克服困难才会获得成长。但小芳的妈妈没有认识到这一点，在孩子最需要引导的时候，她选择了放任不管。其实，如果小芳肯努力，完全可以将成绩提上去，但因为妈妈的不重视，她的成绩最终一落千丈。

像小芳这样的孩子还有很多，他们在最需要努力的时候选择了安逸。这主要是因为父母没有给予正确的引导，最终导致他们迷失了前进的方向。

乐观看问题，坏事也能变好事

当面临问题的时候，不同的孩子会展现出不同的心态。有的孩子悲观消极，有的孩子自信乐观。前者在看待问题时，总是带有一些悲观的色彩，他们总觉得糟糕的事情会接踵而至，对生活也始终持有一种失望的情绪；而后者则能理性看待自己面临的问题，认真思考应对之策，找到理想的解决方法，从而使自己的能力不断获得提升。

小优今年四年级了，她有一个很不好的习惯，但凡遇到什么事情，她总是往消极的一面想。

暑假的时候，妈妈给小优报了一个夏令营，希望小优能够通过这次活动获得磨炼。当来到夏令营的营地时，小优看到这里的环境恶劣，条件简陋，心里难过极了，渴望能尽快结束这次活动。

很多次，小优都想要退出，但是教练告诉她，只有持之以恒，才能够达到锻炼的目的。而小优则告诉教练，她觉得夏令营太累了，也不觉得会收获什么。

她和其他学员一样，每天学习搭帐篷、叠被子、收拾洗护用品等技能。小优心中十分不满，也实在不能理解自己上铺的那个女孩子：她每天经历了高强度的训练后，依然能够精力充沛，每天都保持着灿烂的微笑。

有一次，小优疑惑地问她为什么每天都这么高兴、这么乐观。那个女孩子说："你乐观地看待这件事，它就会变成一件好事。"

的确，凡事都有两面性，关键在于你怎么看待它。如果你悲观地看待，那么这件事就是坏事；如果你乐观地看待，那么它就是一件好事。我们都希望自己的孩子成为一个积极、乐观的人，这便需要父母在平时的生活中多引导孩子，让他们以乐观的心态面对生活。

　　小画今年 15 岁了，她特别喜欢雕刻，妈妈因此为她请了一位雕刻老师，并且为她准备了全套的雕刻工具。

　　这一天，小画正在雕刻一个瓶子，瓶子上雕刻着一些花卉和景色。突然，小画的妈妈喊她去吃饭，小画被妈妈的大嗓门吓了一跳，手一滑，那个瓶子就被划了一道口子。妈妈见了，有些愧疚，连忙向她道歉。但是小画只是微微一笑，直接将那个被划破的口子掏空了，然后又掏空了几个地方，这个瓶子就变成了一个镂空的花瓶。

　　小画开心地对妈妈说："老师曾经说过，我们在雕刻作品的过程中，很容易会出现这样那样的问题。但是，只要我们能够乐观地看待已经发生的事情，那么坏事也能变成好事。"

　　同一件事情，常常因为所处的立场不同、看问题的角度不同，而出现不一样的效果。消极的人看问题，总是越看越悲观，就像是连续的雨天，让人感到到处都是阴霾；而乐观的人看问题，总是可以看到阳光的一面，可以从各种难题中找到解决的办法。

心态阳光，做事更高效

孩子拥有阳光的心态，就能以积极的态度面对生活和学习中遇到的问题。在这样的心态下，孩子能够充分发挥自己的聪明才智，快速地找到解决问题的办法。

小晨马上就要上初中了。小学毕业前，他同几个同学约好，要共同来一次毕业旅行，地点则选在了外市一个风景优美的景区。

到了旅行的这天，小晨和他的同学们早上六点就出发了，但因为路途较远，他们赶到景区的时候已经快到中午了，很多同学不禁抱怨了起来。

"为什么要来这么远的景区啊？这坐车的时间也太长了。"

"马上就要到中午了，我好渴啊，也好饿啊。"

"唉，一天的时间都在路上浪费掉了。"

他们来到了一座山前，这是旅行的第一站，他们需要爬到山顶上去。大家都发出了哀叹声，只有小晨在评估了爬山的条件后，带了一些水和零食，便开始爬起山来，其他人也磨磨蹭蹭地跟在后面。但是，当他们登上山顶的那一刻，却没有一个人再抱怨，因为在山顶上看到的景色太美了，宛如仙境一般。

随后，小晨和同学们去山下的河里划船。很多同学是第一次划船，所以大家都感到十分新奇，不时发出欢乐的笑声和兴奋的尖叫声。但是不久之后，有些同学因为衣服被水溅湿又开始抱怨起来，只有小晨没有丝毫抱怨，全程都在享受着快乐。

阳光心态，是知足、感恩、乐观开朗的表现，是一种健康的心态。这样的心态能让人心情良好，人际关系和谐，适应环境能力强，人格健康。所以，父母要尽可能地培养孩子的阳光心态。我们可以告诉孩子，对于那些改变不了的事实，我们要学会接受，并融入其中。

下周就是小米6岁的生日了，爸爸问她想要什么礼物。小米说，希望爸爸能陪着自己一起吃蛋糕、去游乐场。爸爸听后立刻就答应了。

小米别提有多么开心了。到了生日这一天，小米早上一睁开眼，却发现爸爸不在家，只有妈妈在，于是她就闹着要找爸爸。妈妈告诉她，爸爸的项目出了问题，他赶去处理了。小米听了立刻哭个不停："爸爸明明答应了要与我一起过生日，一起吃蛋糕，一起去游乐场，他说话不算话。"

妈妈语重心长地说道："小米，大人也有大人的难处，就像小米有自己需要解决的问题一样，大人也是一样。你要体谅一下爸爸，等他回来了，我们再给小米补过一个生日，好不好？"小米虽然还在哼唧，但是哭声已经小了很多。

　　妈妈继续说道："小米，已经发生了的事情，我们改变不了，就试着接受它，好不好？今天妈妈带你去海洋馆，那里有各种各样的鱼。"

　　小米想了想，于是就不哭了，跟着妈妈出去了。

　　孩子阳光的心态需要从小培养。父母要告诉孩子，很多事情不是我们个人意愿所能改变的，当这类问题出现的时候，不要抱怨，不要发脾气，要勇敢面对现实，并试着去解决问题。

　　保持阳光的心态，沉着应对不期而至的困难，这样才能让孩子成为生活的强者。这个过程既需要孩子自身的努力，也需要父母对孩子进行正确的引导。

第七章

灵活变通，面对挫折需要改变思维

有的孩子遇到挫折时，总爱钻牛角尖，处理的方式也比较呆板，不懂得变通。这让他们的父母感到非常担心和苦恼。每位家长都希望自己的孩子在遇到问题时能够灵活应对，更加聪明智慧。

其实，要想让孩子在挫折面前学会灵活变通，在应对挫折的过程中改变思路，关键在于父母的正确引导。在父母的帮助和引导下，如果孩子能够培养出灵活变通的思维方式，那么当他面对挫折的时候，就能够发散思维，选择最优的应对方法去解决问题。

换条路走，别在挫折的泥沼中挣扎

一个人固执己见，在自己看来或许是坚持，但殊不知这一开始可能就是一个错误。如果一个人这样固执地坚持下去，只能让自己越陷越深，最终失去回头的机会。而当孩子经历挫折时，能够坚持固然值得称赞，但也不能一意孤行，在一条不通的道路上猛跑。在这个时候，父母要起到引导的作用，教会孩子适可而止，懂得另辟蹊径。

多多特别喜欢历史知识。平时，写完作业后，她就拿着历史书在书房里阅读。上初中后，因为学业繁重，她就不怎么看历史书了。政治和地理这两门课程她比较弱，于是多多就把精力集中到了这两门课程上。

然而，在期末考试中，多多的总分比上次少了30分。虽然政治和地理的成绩提高了一些，但历史却没考好，拉低了总分。多多看到自己的分数后，开始反思：自己将大部分精力投入到了政治和地理上，虽然这两门课程的成绩得以提升，但是其他课程却因为没有时间学习而成绩下降，尤其是原本擅长的历史，更是丢了不少分。

对期末考试成绩作了总结之后，多多决定重新为每门课程分配时间，做到提升与巩固兼顾，不落下每一门课程的学习。

有的时候，孩子在挫折中需要换条路走，不要在挫折的泥沼中无谓挣扎。父母要从小培养孩子在挫折中的变通能力，因为这是应对挫折的另一种坚持。有的时候，在挫折中换条路走，并不是懦弱的表现，而是明智的选择。如果以当前的能力无法战胜挫折，那么不如改变方向，朝着另一扇成功的大门迈进。孩子在挫折中如果懂得变通，选择自己擅长的方向努力，就更容易增强自己的自信心，让自己闪耀出光芒。

　　小伊很喜欢跳舞，很小的时候，她就跟着舞蹈老师一起学习。她的舞跳得很好，常常被周围的人夸奖。然而，在一次和伙伴玩耍的时候，小伊不小心摔伤了腿，医生给出的结论是：以后，小伊不能再跳舞了。

医生的这一结论对小伊来说，犹如晴天霹雳。为此，她大哭了一场，医生、爸爸、妈妈都劝说小伊，她却怎么都听不进去。

妈妈决定帮助小伊走出困境。于是，每当小伊因自己不能跳舞而发脾气的时候，妈妈就会为她放音乐，而这些音乐都是小伊平时喜欢听的。每次小伊听到这些音乐的时候，就会安静下来。

妈妈发现小伊喜欢音乐之后，就给她找了一位音乐老师，教她学习音乐。没过多长时间，小伊就不再为自己不能跳舞而发脾气了。她常常一个人安静地坐在自己的小房间里听音乐、唱歌。妈妈还为小伊录制了唱歌的小视频，小伊也会经常看这些小视频，听自己唱的歌。她觉得这种感觉真好，于是渐渐地喜欢上了音乐。

就像石头缝里的小草，懂得变通，选择弯曲生长，所以才显得生机盎然。孩子在成长的过程中，会经历风吹雨打，有的时候，坚持可以让他们走出困境；但有的时候，选择换条路走，懂得变通，也会让他们走向成功的彼岸。

把握挫折中潜藏的机会

"失败是成功之母"，这是非常有道理的一句话。因为，失败不仅给人经验和教训，也会给人机会。如果一个人从未经历过失败，那么他也就不容易从挫折中发现潜在的机遇。

　　小美从幼儿园开始，就一直是老师眼中的好学生。上小学之后，小美的成绩优异，门门功课都是满分，老师对她有很大的期望，妈妈也整天在众人面前炫耀自家的好宝贝。小美的奖状渐渐地贴满了家里的一面墙壁，爸爸妈妈对自己女儿的表现也很满意。

　　上初中之后，小美的成绩依然优秀，每次考试在学校里都名列前茅。这时的小美已经习惯了被别人夸赞，开始有些飘飘然了。她觉得自己很聪明，只要稍加学习，就可以考出好成绩。

　　然而，在初二的一次考试中，小美发现有好多题自己都不会做，因为这些题目涉及的知识点是她没有复习到的。

　　这次考试，她并没有考好，这让她感到很失落。因承受不起这样的打击，她接连好几天把自己关在房间里，任凭爸爸和妈妈怎么劝说，她都听不进去。

　　从那以后，小美开始一蹶不振，上课也是无精打采，老师也找小美谈过几次话，但都没有起到什么作用。小美不再像从前那么优秀了。

　　如果孩子长期处于成功的状态，随着时间的推移，可能就会逐渐变得麻木，难以承受任何挫折与打击。所以，父母要让孩子明白，经历挫折并不一定是坏事，因为在挫折中往往潜藏着某些机会。比如，

失败可以削弱孩子的功利心，锻炼孩子坚强的意志，使他们在未来经得起风雨的考验。

　　小波特别喜欢街舞，他觉得跳街舞的样子很帅。于是，他跟妈妈说自己想学街舞。妈妈同意了，并给小波报了名。刚开始，小波觉得还不错，但慢慢地，他感觉学习街舞实在是太累了。而且，老师会反复让学员练习同一个动作，这让小波觉得枯燥乏味。

　　这个星期天，快要到学街舞的时间了，小波对妈妈说："妈妈，我不想学了，太累了！"

　　妈妈能够理解小波此时的心情。当小波说完之后，妈妈对他说："孩子，街舞是你自己选择的，既然选择了，你觉得应该轻易放弃吗？如果你真的不想学，妈妈也不会强迫你，但你要知道，学习任何一项技能都不是那么容易的。你看到过哪个成功者在中途放弃的吗？"

听了妈妈的话，小波背起了书包，对妈妈说："妈妈，走吧，我会坚持的。"从那以后，小波继续学习街舞，再也没有抱怨过学街舞的苦与累了。他有时会和小伙伴一起为大家表演节目，他喜欢登上舞台的那种感觉，喜欢登上舞台带给他的那种自信。

现在回想起来，小波很庆幸自己坚持了下来，他最想感谢的人是自己的妈妈。

作为父母，我们要让孩子明白，当一个人经历人生的挫折时，能否战胜挫折，并不能单纯地断定一个人有没有能力，我们要引导孩子去享受过程，从过程中汲取各种经验教训。未来，当他们功成名就时，再回头来想想自己曾经的坎坷人生，那将会是一段宝贵的经历！

逆境之中才能展现你的价值

平静的湖面练不出优秀的水手，安逸的环境锻炼不出生活的强者。培根曾说过："奇迹多是在厄运中出现的。"在历史上，有无数人越是身处逆境，越能激发自己的潜能，进而向世人展现自己的价值。但是在今天，许多孩子在父母的呵护下长大，遇到事情总是让父母替自己完成，习惯于以自我为中心，很少考虑其他人的感受。当他们遇到一些挫折时，就会不知所措，更别提去展示自己的能力和价值了。

倩倩的爸爸妈妈平时工作都很忙，所以倩倩一直跟着奶奶生活。奶奶把倩倩宠成了一个小公主，不管倩倩提出什么要求，都会依着她。在学习中，倩倩遇到难题时，奶奶会向别人请教，然后帮倩倩解决。在生活中，都已经上小学的倩倩，被子还要奶奶帮她叠；吃饭的时候，奶奶还会喂她。

倩倩在学校里，只要和同学玩得不开心，一回到家就会告诉奶奶说有人欺负自己。奶奶舍不得自己的孙女受委屈，就去学校里找其他小朋友"讨公道"。

慢慢地，倩倩长大了，上了初中，要在学校里生活和学习，两个星期才能回家一次。

来到学校后，倩倩发现自己什么事都不会做，而且因为她清高自傲，所以没有朋友。她在学校里的内务是一团糟，为此，还常常被老师批评，受宿舍同学的埋怨。

温室里的花朵是承受不住狂风暴雨的。在顺境中成长的孩子，往往经不起一点挫折。案例中的倩倩，从小被奶奶全方位地保护着，生活一向顺风顺水。现在她因为中学需要住校，面对繁重的学习和枯燥的内务管理竟然束手无策，更别提展现自己的能力与价值了。

父母要想让孩子在逆境中实现自我价值，应该引导他树立崇高的理想，为他的未来指明方向。这样，不管孩子经历多少坎坷，他都会奋力拼搏，最终总会放射出耀眼的光芒。

同时，孩子要想在逆境中实现自我价值，还必须有真才实学。每个人的本领都并非与生俱来，而是通过后天的努力获得的。

小芸从小就在大山里长大。在她很小的时候，爸爸妈妈就因为一场意外去世了，家里只剩下她和爷爷。上小学时，在学校里，她认真地学习文化知识，因为成绩优异，经常受到老师的表扬；放学回家后，她还要上山砍柴。生活虽然很苦，但小芸一直坚信总有一天，

她会和爷爷过上幸福的生活。

有一次，一个喜欢在农村体验生活的人来到了小芸的家乡，他看到这个小姑娘有如此坚强的毅力，深受感动。在得到小芸的爷爷许可之后，他将小芸的生活拍成了小视频，发布到网络上。一时间，小芸成了"明星"，成了众多孩子学习的榜样，她的毅力感染了很多小朋友，大家都纷纷表示要向小芸学习。

为此，还有很多好心人愿意资助小芸，希望帮助小芸走出大山，上更好的学校。后来，在大家的帮助下，小芸考上了理想的大学，找到了满意的工作，还将爷爷接到了大城市，过上了幸福的生活。

苏格拉底说："逆境是磨炼人的最高学府。"面对每一个逆境或每一次失败，如果孩子能乐观看待，将其当作学习的机会，那么他们不但能从失败中成长，更能从逆境中锻炼出坚韧的品格。在孩子面对逆境时，父母要引导孩子以平常心看待，并设法帮助他们跨越逆境。

逆向思维找出问题的根源

逆向思维，是对那些司空见惯的、似乎已成定论的事物或观点进行反向思考的一种思维方式。这种思维方式，看似不同常理，但往往却能够帮我们打开另一番天地，让我们看到正向思维看不到的惊人效果，带给我们惊喜和意外的收获。在教育孩子的过程中，我们要教会并鼓励孩子用逆向思维来考虑问题，勇于另辟蹊径，探究问题的根源，从而找到更有效的办法来应对生活中遇到的挫折。

玲玲是个聪明的小女孩，每当遇到挫折的时候，她总是能够想出很好的应对办法。她思考分析问题的思路有时候连妈妈都自愧不如。

新学期开始，玲玲原来的班主任因为需要休产假，所以由一位新的老师成为了她的班主任。这是一位非常严厉的老师。新学期上第一课时，经过一个假期的分别，同学们再次重逢，都特别兴奋，整个班里乱哄哄的。作为班长的玲玲也未能控制住自己的情绪，与好朋友们叽叽喳喳地聊着天，以至于连上课铃响都没有注意到。

这时候，新的班主任走进教室，严厉地批评了同学们，特别是对玲玲，老师更是重点批评。刚开学就挨了老师一顿训斥，玲玲感觉今天真是倒霉。

中午回家吃饭时，玲玲把在学校发生的事情告诉了妈妈。妈妈用奇怪的眼神看着她，问："看你这笑呵呵的样子，感觉不像是挨了批评，倒像是得到表扬一样啊。你就不怕老师把你这班长的职务撤了啊？"

"妈妈，你没看懂这里面的道理，老师为什么要批评我们，真

的只是因为我们吵吗？二班和三班也都这样，也不见老师管呀。我们老师不过是想给同学们一个下马威，怕以后管不住我们。至于老师为什么单单批评我批评得那么狠……"

妈妈疑惑地摇摇头。

"杀鸡儆猴呗，就凭我这次在精神上做出的'牺牲'，她也不会撤我的班长职务。撤了我，她去哪儿找这么配合她工作的班长啊？哈哈！"

看着这个"不着调"的闺女，妈妈仔细想了想，觉得玲玲说得还真有些道理。女儿能够想得这么透彻，看来自己真的不用担心女儿无法面对挫折了。

遭到老师的批评，对于许多孩子来说，可能是一件坏事。但玲玲却能够得出与众不同的结论，这就是她在运用逆向思维。我们作为父母，在教育孩子的过程中，也要让孩子学会逆向思维。如果孩子掌握了这种方法，当遇到挫折，且运用常规方式无法解决时，他们就会尝试换种方式去思考，从而收获意想不到的惊喜。

　　珊珊不喜欢学数学，她觉得数学总是要动脑筋，太难了。每天放学一回到家，她总是先将其他作业做完，然后才磨磨蹭蹭地开始做数学作业。她一会儿去厕所，一会儿吃点东西。数学在珊珊看来，就像是一颗地雷，让她不敢靠近。

　　最初，妈妈也尝试通过辅导的方式教珊珊做题，但一段时间之后，她觉得这种方式并不奏效。于是，妈妈决定用逆向思维来改变珊珊害怕做数学题的心态。

　　这天，妈妈对珊珊说："珊珊，你这么长时间都没有写数学作业了。既然你不想做，那妈妈来帮你做。但我有一个要求，那就是我做好了题，你来检查。"

　　珊珊一听妈妈要替自己写数学作业，别提有多高兴了。妈妈写的时候，珊珊在一旁像个小老师似的盯着妈妈，她觉得自己就像是妈妈的小老师。

　　不一会儿，妈妈就写完了。珊珊给妈妈检查作业的时候，发现所有的题都做错了。于是，她便一道题一道题地给妈妈讲了起来，还改正了本子上的错误。但是她不知道，那都是妈妈故意写错的。

这样持续了一段时间之后，珊珊开始"嫌弃"妈妈了，决定自己的作业还是要自己来完成。

教育孩子是一门艺术，我们要学会用逆向思维来教育孩子，就像案例中珊珊的妈妈那样。同时，我们也要教会孩子用逆向思维去思考问题。当孩子懂得用逆向思维看待问题的时候，他就会发现自己思想上的"新大陆"，无论是在生活上还是在学习中，都能发现一个全新的自己，一个能力更强的自己。